믿교인 사용 설명서

도지코인, 시바이누부터 트럼프 재당선 이펙트까지 새로운 돈의 미래

밈코인 사용 설명서

김가영 지음

차례

1부
코인 투자자 5억 명 시대, 밈코인의 부상

3부
밈코인 사용설명서

4부
밈코인의 대장이 되기 위하여

일러두기

- 본 도서에 실린 도표 중 일부는 저작권자를 찾지 못했습니다. 확인되는 대로 정식 절차를 밟아 진행하겠습니다.
- 잡지와 신문, 도서명은 《 》로, 영화와 방송 프로그램, 기사명은 〈 〉로 표기했습니다.
- 본 도서에서는 일론 머스크가 트위터를 인수한 이전의 상황은 트위터로 표기했고, 인수 이후에는 엑스라는 명칭을 병행했습니다.
- 본 도서에서 환율 계산은 2024년 10월을 기준으로 진행했습니다.
- 본 도서에서는 이해를 돕기 위해 설명을 중복해 병행했습니다.

밈코인 열풍은 단순히
스쳐지나가는 트렌드가 아니다

암호화폐에 대해 처음 알게 된 것은 2017년 KBS 시사 프로그램 〈특파원 보고, 세계는 지금〉에서 방송작가로 활동하던 때였다. 전 세계적으로 암호화폐 투자 열풍이 불자 일본에서 '가상화폐 소녀'라는 걸그룹이 만들어졌다는 소식을 접하게 됐다. 당시 담당하던 프로그램에서는 전 세계에서 일어나는 특이한 사건 사고를 부분 코너로 다루고 있었기 때문에 이 걸그룹에 대해 조사해보기 시작했다.

여덟 명으로 구성된 이들은 각각 비트코인(BTC), 이더리움(ETH), 비트코인 캐시(BCH), 리플(XRP), 네오(NEO), 카르다노(ADA), 넴(XEM), 모나(MONA)라는 예명으로 활동했다. 코인을 발행하고 상장하기만 하면 최소 몇 배 이상은 가격이 뛰던 시기였으며, 이 코인들은 당시 암호화폐 투자 시장을 주도했다. 그러나 코인 이름을 딴 걸그룹이 나올 정도로 축제 분위기였던 시장은 2018년 하반기부터 침체됐고 일각에서는 코인 시장이 회생하기 어려울 것이라는 전망을 하기도 했다.

그러나 예상과 달리 블록체인 업계 종사자들은 기술 발전과 함께 코인을 어떻게 사용할 것인지를 고민하기 시작했고 예상보다 빠르게 그 결과물을 내놨다. 디파이(DeFi, 탈중앙화 금융 서비스로 인터넷이 되는 곳에서 정부의 통제 없이 다양한 금융 서비스를 제공하는 것을 목표로 한다), NFT(Non-Fungible Token, 대체 불가능한 토큰이라는 뜻으로 블록체인 기술을 이용해 디지털 자산의 소유주를 증명하는 토큰이다), P2E 게임(Play to Earn, 게임을 하면서 돈을 버는 형태로 최근 블록체인과 연계해 디지털 자산을 수익화 할 수 있는 방식으로 발전 중이다) 등이 대표적인 사례다.

암호화폐의 명확한 사용처가 등장할 때마다 시장은 크게 호응했다. 투자자들은 앞다퉈 새로운 기술을 도입하거나 명확한 활용처를 내놓은 코인을 사들였다. 투자자들의 돈이 암호화폐 시장에 몰리자, 유입된 돈 덕분에 다시 시장이 커졌다. 그러나 차츰 기대에 비해 코인의 사업성이 떨어지자 투자자 심리는 금세 쪼그라들었고, 블록체인 개발 업체들은 또 다른 코인의 유틸리티(사용처)를 찾는 작업을 반복했다. 그리고 그 결과가 나올 때마다 또다시 투자금이

모였다.

그에 반해 밈코인으로 시작된 암호화폐의 열풍은 조금 신기하다. 밈코인에는 이전까지 시장을 이끌던 기술이 등장하면 언급되는 토크노믹스(Tokenomics, 암호화폐로 이뤄지는 새로운 경제) 등의 키워드가 보이지 않는다. 하다못해 프로젝트를 이끄는 이의 천재성이나 우수한 이력을 어필하는 것도 아니다. 밈코인을 발행하는 팀이나 개인은 대부분 익명을 유지하기 때문이다. 이전에도 코인 투기 세력을 유인하기 위한 사기성 프로젝트는 많이 있었지만, 이들은 거짓으로 꾸며서라도 기술력이나 인력을 부풀려 설명하는 백서(white paper, 일종의 사업계획서)를 만들고 홍보했다. 그런데 밈코인에서는 이러한 노력조차 찾아보기 어렵다.

따라서 어떤 이들은 밈코인 투자 열풍을 순수하게 투기심만이 응축된 현상이라며 부정적으로 바라보기도 한다. 그러나 일부 업계 종사자들은 밈코인이 '커뮤니티'라는 새로운 유틸리티를 찾아냈다고 해석하고 있다. 예를 들어, 아이돌 그룹을 좋아하는 사람은 아이돌 커뮤니티에서, 게임을 좋아하는 사람은 게임 커뮤니티에서 비슷한 취향을 가진 이들과 모여 공감대를 형성하거나 토론을 하기 시작하듯이, 밈코인 역시 투자자들의 커뮤니티가 다른 어떤 코인보다 공고해 다른 투자자들도 끌어모은다는 것이다.

내가 평소 듣지 않던 아이돌의 노래가 팬들 사이에서 인기가 많아지면서 음원 스트리밍 사이트에서 높은 순위를 차지하면 더 많은 사람들이 자연스럽게 그 노래를 듣게 되고, 노래를 부른 아이돌에 대해 검색해보다가 흥미를 갖게 되는 것과 비슷하다. 이처럼 커뮤니티를 통해 콘텐츠를 향유하는 사람들이 늘어날수록 해당 콘텐츠의 인기가 높아져 결론적으로 가치 상승을 이끄는 것이다.

어쩌면 밈코인 그 자체로는 별 의미가 없을 수도 있다. 그러나 투자자들이 모여들어 커뮤니티를 만들고 해당 코인이 다른 투자자들에게도 왠지 '힙하다'라고 느껴지면 없던 가치가 창출되며, 이것이 블록체인 산업이 찾아낸 새로운 유틸리티가 될 수 있다. 몇 년 전까지만 해도 도지코인은 시가총액 50위권 내에서도 찾아보기 어려운 변방의 코인이었다. 그러나 일론 머스크(Elon Musk)를 비롯한 인플루언서들이 너도나도 도지코인을 언급하기 시작하고 투자자들이 늘어나자 도지코인은 곧 모르는 사람이 없을 정도로 유명 코인이 됐다. 이제 도지코인은 시가총액 10위권 내에 당당하게 이름을 올리는 메이저 코인으로 자리 잡았다.

그러나 밈코인 열풍은 또 언제 사라질지 모른다는 점에서 우려를 자아내기도 한다. 블록체인 시장은 디파이든 밈코인이든, 어떤 투자 트렌드가 시작되더라도 1년에서 2년 이상 지속하지 않는다는 특성이 있다. 사람들이 갑자기 몰려 급하게 불타올랐다가도 얼마 지나지 않아 거품처럼 빠르게 꺼진다.

코인 시장은 형성된 지 얼마 되지 않았기 때문에 아직 전망을 예측하기 어려워 장기 투자자가 많지 않다. 다른 어느 시장보다도 변화의 속도가 빠른 블록체인과 코인 업계는 거의 매년 트렌드가 바뀌고 사람들의 투자 심리도 이에 따라 급하게 움직인다. 그래서 비트코인, 이더리움, 리플 등 상위 몇 개의 코인을 제외한 시가총액 순위도 크게 변동하는 편이다.

투자 트렌드가 빨리 바뀐다는 점은 어떻게 보면 새로운 기술을 들고나온 코인이 빠르게 조명을 받을 수 있어 바람직하다고 볼 수도 있다. 반대로 기술력과 사업성이 뛰어나도 트렌드에서 벗어나 있거나 투자자를 자극하지 못하면 시장으로부터 외면받아 금세 사라질 수도 있다. 오랫동안 블록체인 산업을 지켜본 사람이라면 지금까지의 발전 양상이나 기술적 맥락도 파악할 수 있을 것이다. 그러나 투자자 대부분은 너무나 빨리 바뀌는 트렌드 때문에 미처 시장에 대해 파악하기도 전에 흐름이 바뀌어버려 투자하려던 마음도 식어버리게 된다. 가치투자가 불가능한 시장으로 변하는 것이다.

딱히 철학이나 사업계획이 없어도 시세가 급등락하는 밈코인은 투기꾼들의 좋은 먹잇감이다. 그러나 역설적이게도 이들의 자금이 유입되면서 시장의 규모가 커지고 빠르게 발전한 것도 사실이다. 어찌 보면 불편한 동맹 관계라고 볼 수도 있다.

트렌드는 지나가도 기술은 사라지지 않는다

시장을 발전시키고자 하는 개발자인 빌더(Builder)와 가격을 보고 매수와 매도를 결정하는 투자자 모두 밈코인 다음의 시장을 바라보고 있다. 지금은 밈코인 투자 열풍이 불고 있지만 언젠가는 돈을 벌 만큼 번 이들이 떠날 것이고, 도박에 가까운 분위기에 지친 투자자들도 손을 뗄 것이다. 어떤 이들은 밈코인 자체에 흥미를 잃게 될 수도 있다. 그때쯤 밈코인은 케케묵은, 더 이상 아무도 관심을 주지 않는 주제가 될 것이다. 그래서 밈코인을 들여다본다는 것은 다음 투자 트렌드를 미리 파악하는 데도 도움이 된다. 한 번 지나간 트렌드는 다시 돌아오지 않는다는 것도 이 시장의 특징이다. 밈코인도 마찬가지일 것이다. 그렇다면 우리는 밈코인에 관심을 끊고 다음 트렌드가 무엇일지에만 촉각을 곤두세워야 할까?

그렇지 않다. 트렌드는 잊힐 수 있지만 밈코인의 기술이나 서비스가 사라지는 것은 아니기 때문이다. 2019년 당시 디파이 투자가 유행했다. 대부분 사람들은 그 뒤로 큰 관심을 두지 않았지만 디파이는 여전히 건재할 뿐만 아니라 블록체인과 코인 산업을 떠받치는 거대한 기둥 역할을 하고 있다. 디파이는 여전히 가능성 높은 시장이다.

NFT와 P2E 역시 마찬가지다. NFT로 발행된 아이템을 게임 내에서 사용하거나 이용자들끼리 거래할 수 있게 되면서 P2E 게임이 출시될 수 있었다. 그리고 P2E로 벌어들인 돈을 다른 코인으로 교환(스왑)하거나 예치(스테이킹)하기 위해 디파이 기술을 사용했다. 이전에는 단순히 오락과 풍자하기 위한 용도로만 밈코인을 발행했다면 이제는 코인을 지불 수단으로 사용할 수 있는 게임이나 NFT 마켓, 디파이 서비스에 이용하는 등 활용할 수 있는 저변을 확대하고 있다.

기술과 서비스는 결코 사라지지 않고 누적돼 산업을 발전시킨다. 그래서 우리는 지금 밈코인에 관심을 가져야 한다. 밈코인 때문에 코인 투자자들 간의 커뮤니티 형성이 얼마나 중요한지 깨닫게 되었다면, 다음 투자 트렌드 역시 커뮤니티를 갖춘 프로젝트에 있을 것이다.

블록체인과 코인 시장은 아직 미지의 영역이지만, 적어도 과거를 반추하며 더 나은 방향을 모색하는 동시에 트렌드를 예상할 수 있다. 그래서 빌더(개발자)와 트레이더(투자자) 모두 현재의 밈코인 투자 열풍에 주목할 필요가 있다.

《밈코인 사용설명서》는 이제까지 제대로 다뤄지지 않았던 밈코인을 다양한 각도에서 살펴본다. 밈코인을 좀 더 깊이 이해하기 위해 지금까지 블록체인과 코인이 쌓아 올린 기술과 서비스도 총체적으로 다뤘다. 밈코인 생태계를 이해하기 위해서는 시장이 어떻게 변화해왔는지부터 알아야 하기 때문이다. 메인넷, 디파이, NFT, 레이어2 프로토콜 등 단어만 들었을 때는 어렵게 느껴지는 개념들이지만 여러 가지 사례와 비유를 통해 쉽게 설명하기 위해 공을 들였다. 《밈코인 사용설명서》 독자들은 밈코인의 역사와 현황뿐만 아니라 밈코인이라는 트렌드가 있기 전에 블록체인 산업이 어떠한 기술적 역량을 쌓아왔는지 전반적인 흐름도 파악할 수 있다. 남들보다 빠르게 세상을 보는 눈을 얻었다고 생각하면 된다.

주식투자를 할 때는 각 기업의 사업보고서나 기업설명회 등 정보를 얻을 수 있는 창구가 많지만 여전히 코인 시장은 개념부터 어렵고 어디서도 쉽게 설명해주지 않아 선뜻 다가가기 어렵다. 밈코인에 대한 관심을 시작으로 코인 시장의 가치를 파악해 가치투자까지 이어질 수 있게 하는 데 이 책이 일조할 수 있길 바란다.

1부

코인 투자자 5억 명 시대, 밈코인의 부상

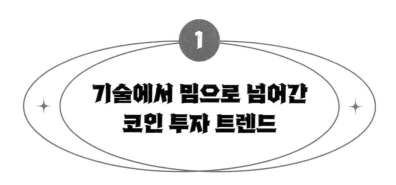

기술에서 밈으로 넘어간 코인 투자 트렌드

비트코인의 상승과 코인 투자의 현주소

'비트코인이 1억 원 간다'라는 말은 암호화폐 투자자들에게는 일종의 숙원과 같은 주문이었다. 모두가 그 가격을 달성할 것을 믿어 의심치 않지만, 언제쯤 가능할지는 누구도 알 수 없는 상황이었다. 그러나 그날은 예상보다 훨씬 빠르게 다가왔다. 2023년 3월, 비트코인의 시세가 급상승하면서 최고 1억 500만 원까지 뛰어오른 것이다.

아직 기업이나 기관들은 코인에 투자하지 못하고 있다. 투자자 대부분이 개인인 상황에서 비트코인이 이처럼 높은 가격을 형성할 수 있다는 사실은 업계를 고무시켰다. 2024년 중순부터는 7,000만 원에서 9,000만 원 사이를 횡보하고 있지만, 이제는 '비트코인이 10억 원 간다'라는 말이 심심치 않게 나온다.

반대로 비트코인의 가치가 폭락할 것이라고 생각하는 사람은 거의 없다. 만약 길을 가던 이를 붙잡고 100만 원어치 현금과 100만 원어치 비트코인 중 무엇을 받고 싶냐고 물어본다면 그는 과연 무엇을 선택할까? 당장 현금이 급하게 필요한 사람이 아니라면 대부분 비트코인을 선택할 것이다. 대중이 비트코인의 가치가 상승하리라고 기대하자 그 신뢰를 바탕으로 더 많은 투자자와 자금이 코인으로 유입될 가능성이 높아졌다.

국내 금융자산 투자자들이 본격적으로 코인에 관심을 두게 된 때는 언제일까. 지금으로서는 상상하기 어렵지만 비트코인이 매일같이 신고가를 경신하면서 2,000만 원을 달성했던 2017년이다. 대장 코인이라고 볼 수 있는 비트코인 외에도 이더리움, 리플, 에이다 등 알트코인(Alternative Coin, 비트코인 외 다른 코인들을 일컫는 말) 역시 시세가 급격하게 상승하면서 어떤 코인이든 일단 사기만 하면 오른다는 생각이 팽배했다. 이 시기 국내 최대 암호화폐 거래소인 업비트는 아직 설립되지 않았기 때문에 대다수 투자자들은 빗썸과 코인원, 코빗 등의 거래소에 가입해 코인을 사들였다. 주식시장과 달리 코인 시장은 24시간 동안 거래가 가능하기 때문에 직장인들이 트레이딩을 하다가 밤을 새고, 출근해서도 일에 집중하지 못하

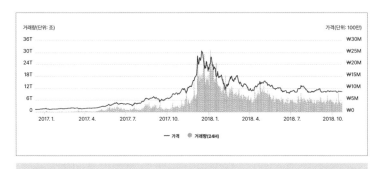

는 등 그야말로 코인 투자 광풍이 불었던 시기다.

2018년 1월 당시 박상기 법무부장관이 "암호화폐 거래소를 모두 폐쇄하겠다"라고 발언하면서 코인 가격이 급락했고, 투자자들의 관심도 빠르게 식긴 했지만 2017년의 암호화폐 시장은 국내 금융투자 시장에 많은 영향을 미쳤다.

가장 큰 업적은 코인 투자의 대중화다. 이제는 어린아이부터 노인에 이르기까지 비트코인을 모르는 사람이 없고, 웬만한 메이저 알트코인의 이름도 한 번쯤 들어본 적이 있을 정도다. 직접 코인 거래를 하지 않았더라도 호기심에 암호화폐 거래소에 가입을 해보거나 비트코인이 도대체 무엇인지 검색해보는 사람도 많았다. 이러한 현상은 새로운 코인이나 기술이 등장했을 때 대중이 얼마나 빠르게 적응할 수 있는지, 다시 코인 투자 붐이 일었을 때 투자자들이 얼마나 많이 시장에 유입되는지 등을 결정할 수 있는 요인이다.

코인 시장이 다시 한 번 관심을 받기 시작한 것은 2021년이었다. 수년 동안 지지부진했던 코인 가격이 갑작스레 상승하고 너무 쉽게 전고점을 돌파했으며, 비트코인 가격은 순식간에 8,000만 원까지 치솟았다. 이전까지 코인 투자의 이미지는 투기에 가까웠고, 코인으로 돈을 번 이들은 졸부거나 사기꾼의 이미지가 강했다. 그러나 이때부터 코인은 어엿한 투자 종목으로 인정을 받기 시작했다. 특히 20대와 30대인 젊은 투자자들은 주요 코인뿐만 아니라 새로운 블록체인 기술에 대한 이해도와 관심도가 높은 편이다.

현재 전 세계 코인 투자자들의 수를 정확하게 파악하기는 어렵다. 그러나 대략 유추를 해볼 수는 있다. 암호화폐 결제 회사인 트리플-A(Triple-A)에 따르면 2024년 기준 코인 보유자 수는 5억 6,200만 명으로 2023년의 4억 2,000만 명에서 약 34% 증가했다. 이들은 어쩌다 얻은 코인을 보유만 하고 있을 수도 있다. 그러나 전 세계적으로 수억 명이 코인에 투자하는 것은 사실이다. 세계 최대 암호화폐 거래소인 바이낸스의 사용자 수가 2억 명 이상이기 때문이다. 시장에서는 투자자 수가 앞으로도 빠르게 증가할 것으로 전망하고 있다. 일찍 투자자들의 선택을 받는다면 빠르게 시가총액을 높일 수 있으므로 많은 개발자가 블록체인 개발과 코인 발행에 뛰어들고 있다.

시장을 주도해온 기술 중심의 코인

비트코인과 이더리움처럼 시가총액 상위 리스트에 이름을 올리고자 수많은 코인들이 세상에 나왔다가 소리 소문 없이 사라졌다. 이들 중 대부분은 '3세대 블록체인'을 주창했다. 1세대 블록체인은 비트코인, 2세대는 이더리움인데 두 블록체인이 해결하지 못한 트릴레마(Trilemma)* 문제를 해결하겠다고 나선 것이다.

2018년 등장한 코인들은 대부분 기술력을 내세워 3세대 블록체인이 될 메인넷*을 개발하겠다고 나섰다. 이 때문에 당시에는 코인들의 기술 경쟁이 심했다. 메인넷이란 '메인 네트워크'의 줄임말로 자체 암호화폐를 활용해 운영되는 독립적인 블록체인을 말한다. 비트코인, 이더리움, 솔라나처럼 자체 블록체인이 있는 경우 이 메인넷을 움직이는 암호화폐는 '코인'이라고 부른다.

그럼에도 메인넷이라는 개념을 어려워하는 이들이 많다. 그럴 때 나는 나무에 비유해 설명하곤 한다. 세상에 수많은 나무가 있지만 크게 침엽수와 활엽수로 나눌 수 있고, 이 나무들은 또다시 소나무, 느티나무, 자작나무 등 종에 따라 다른 이름으로 불린다. 블록체인이라는 개념을 나무에 비유하자면 여러 메인넷과 각각 품종이 다른 나무들이라고 볼 수 있다. 나무 품종을 개발하고 키우는 것처럼 메인넷도 개발할 수 있다. 각각의 나무들이 가진 특징과 쓰임새

* 트릴레마

개념들을 더 정확히 살피려면 블록체인 트릴레마를 비롯한 기본적인 블록체인 기술들에 대한 이해가 뒷받침되어야 한다. 트릴레마란 세 가지 목표 가운데 두 가지 목표는 동시에 해결할 수 있지만 세 가지 목표를 한꺼번에 해결할 수 없는 문제를 뜻하는 말로, 삼중모순이라고도 한다. 블록체인에는 다음과 같은 근본 가치가 있다.

- 확장성(Scalability): 블록체인이 얼마나 많은 트랜잭션(암호화폐 거래 시 기록되는 정보)을 빠르게 처리할 수 있는가?
- 탈중앙화(Decentralization): 특정 집단이 통제하는 대신 개별 참여자들이 합의를 통해 네트워크를 운영 및 관리할 수 있는가?
- 보안성(Security): 네트워크에 대한 공격으로부터 블록체인에 기록된 정보 및 자산을 안전하게 지킬 수 있는가?

블록체인은 앞서 설명한 세 가지 근본 가치를 동시에 달성하기 어려워 트릴레마가 발생한다. 대부분의 블록체인은 세 가지 요소 중 하나 내지 두 가지는 해결했지만 세 가지 모두를 완벽하게 해결한 블록체인은 존재하지 않는다. 예를 들어 비트코인과 이더리움의 경우 탈중앙화와 보안성 문제를 해결했다고 평가받고 있지만 여전히 확장성 문제를 겪고 있다. 즉, 많은 사람들이 거래를 할수록 시간이 오래 걸린다. 사용자가 많아질수록 네트워크도 느려지고 수수료도 올라간다. 3세대 블록체인의 경우 확장성을 달성했지만 이를 위해 탈중앙화 또는 보안성을 어느 정도 포기해야만 했다.

* 메인넷

블록체인 프로젝트를 실제 출시해 운영하는 네트워크를 말한다. 독립적인 플랫폼으로 기능하며, 개인 거래 시 트랜잭션 등을 처리하고 생태계를 구성하는 역할을 한다. 대표적인 메인넷으로는 이더리움, 클레이튼(Klaytn) 등이 있다. 국내에서 가장 먼저 메인넷을 구축한 위메이드는 자체 메인넷을 통해 다른 게임사들도 이용할 수 있는 토큰 기반의 경제 시스템을 구축하고 있다. 특히 암호화폐를 저장하거나 대출, 결제하는 디파이 서비스 탑재도 추진한다. 게임업계가 개발한 메인넷이 성공하려면 고유의 블록체인 생태계가 구축돼야 한다. 해당 메인넷에서 발행하는 암호화폐가 게임 외에도 NFT와 디파이 등 다양한 용도로 사용돼야 시장이 커질 수 있다.

가 다른 것처럼, 각 메인넷들의 특징과 장단점도 다 다르다.

물론 메인넷을 기반으로 디앱(DApp)을 개발하는 업체들도 많다. 디앱이란 블록체인 기술을 활용해 만들어진 애플리케이션 서비스를 말한다. 안드로이드나 iOS 애플리케이션이 각자의 운영체제 위에서 동작하는 것처럼, 디앱은 특정 블록체인 위에서 작동한다. 다만 중앙 서버가 아닌 블록체인 네트워크 참여자들의 분산된 신뢰와 권한을 나눠 가지는 점이 다를 뿐이다. 메인넷을 나무에 비유했듯이 나무로 만드는 가구, 종이, 나무젓가락 등은 디앱이라고 보면 된다. 나무젓가락을 만드는 업체는 직접 나무를 키우지 않는다. 마찬가지로 디앱을 개발하는 업체들은 메인넷을 만들지 않는다. 다른 메인넷을 활용해 서비스를 만들며, 이 서비스에 사용되는 포인트 개념으로 암호화폐를 발행한다. 디앱이 발행하는 암호화폐는 '토큰'이라고 한다. 코인과 토큰을 나누는 기준이 협의된 것은 아니지만 일반적으로는 이처럼 구분하고 있다.

디앱을 만드는 업체들은 자신이 제공할 서비스를 어떤 메인넷에서 만드는 게 가장 적합한지 심사숙고해 결정해야 한다. 만약 이더리움에서 디앱을 만들었는데 속도가 느려서 적합하지 않다면 솔라나나 폴리곤 등 다른 메인넷으로 옮겨갈 수는 있다. 이를 마이그레이션(Migration)이라고 한다. 그러나 마이그레이션에는 시간과 비용이 들 뿐만 아니라 기존 서비스를 이용하던 이용자들을 잃을 가능성도 있기 때문에 많은 디앱 개발사들은 마이그레이션을 기피한다.

메인넷 개발사와 디앱 개발사 모두 기술력을 갖춰야 하지만 굳이 따진다면 메인넷 개발에 훨씬 더 많은 인력과 기술력이 필요하다. 2018년 당시 메인넷을 개발하겠다고 나선 업체들이 너도나도 저마다 얼마나 자신들이 훌륭한 개발인력을 갖췄고, 이들의 이력이 어떠한지 자랑스레 내세우곤 했다. 이들은 대부분 자신들이 3세대 블록체인이 되어 이더리움을 넘어서겠다는 포부를 갖고 있었다.

당시 블록체인 기술은 서비스를 개발하기엔 속도나 확장성 등에 문제가 있었다. 대중적으로 활용되기 어려운, 사실상 초기 단계의 기술이었다. 국내에서는 카카오가 만든 클레이튼과 현대그룹의 에이치닥(HDAC) 등이 있었고, 외국에서는 이오스(EOS)나 퀀텀(QTUM) 등이 2017년부터 2018년 사이에 메인넷을 내세워 많은 투자를 받았다. 그러나 대부분은 의미 있는 수준의 이용률이 발생하지 않아 시장과 투자자들로부터 잊혔다. 결과적으로 시세는 점차 떨어져 이들은 시가총액 100위권 내에서도 찾기 어려운 코인들이 됐다.

메인넷 개발이 시장을 주도하는 현상은 아직 유지되고 있다. 폴리곤, 솔라나, 아발란체, 수이 등 많은 프로젝트들이 등장했을 뿐만 아니라 이들은 레이어1과 레이어2라는 용어로 다시 분류됐다. 앞서 블록체인을 나무에 비유했는데, 나무도 원목이 있는가 하면 원목이 가진 문제를 해결하거나 일상에서 더 잘 쓰일 수 있게 만드는 합성목이 있다. 블록체인 메인넷 역시 원목이라고 할 수 있는 레이어1(L1)과 합성목과 비슷한 레이어2(L2)로 분류할 수 있다고 생각하면 좀 더 쉽게 접근할 수 있다.

레이어1이란 우리가 통상적으로 아는 블록체인으로 비트코인, 이더리움과 같이 가장 밑바탕이 되는 네트워크를 의미한다. 레이어1 블록체인은 다른 네트워크의 도움 없이도 자체적으로 트랜잭션(거래)을 검증하고 완결 상태로 만들 수 있으며, 해당 생태계의 기반이 되는 주요 네트워크로 작용한다.

레이어2란 레이어1의 속도나 수수료 등의 문제를 해결하기 위해 등장한 개념이다. 레이어1을 활용해 서비스를 만드는 디앱이 늘어날수록 당연히 사용량이 늘어나고, 사용량이 늘어나는 만큼 블록체인의 속도는 느려지며 수수료가 높아진다(블록체인은 개별 투자자들이 직접 거래를 하는 방식이므로, 당연히 수수료가 높은 것부터 처리되기 마련이다). 레이어2는 레이어1의 부담을 덜기 위해 여러 트랜잭션을 처리하고 레이어1에는 결괏값만 기록하는 방식으로 문제를 해결했다.

이전에는 레이어1과 레이어2가 구분 없이 '메인넷'이라는 하나의 개념으로 설명되었으나, 이제는 어떤 특징을 갖고 있는지에 따라 세분화되기 시작했다. 이를 블록체인으로 칭하든, 레이어1과 레이어2로 나눠 말하든 일반 투자자 입장에서는 어려운 기술이긴 마찬가지다. 그러나 여러 실력 있는 개발자들이 시장에 뛰어들고 기술 고도화에 집중하면서 다른 블록체인과의 차별성을 설명하려고 한다는 것은 좋은 현상이다. 좀 더 익숙해지고, 실제 사용해보면 그리 어렵지 않게 느끼게 될 것이다.

하지만 블록체인을 아무리 완벽하게 개발한다고 해도 결국 이는 기술일 뿐이며 금전적 이득을 얻는 사업이 아니라는 점은 문제로 지적된다. 사업을 하기 위해서는 개발자가 아니라 사업에 전문성을 갖춘 인력이 있어야 한다. 블록체인 업계에서 일을 해본 이들이 공감하는 것이, 개발자는 많지만 웹2.0(Web 2.0, 인터넷 사용자들이 직접 정보를 업로드하고 수정하는 플랫폼으로 위키피디아 등이 여기에 속한다) 시장에서 경험을 쌓은 전략기획, 사업개발, 마케팅 등을 담당할 인력이 현저하게 부족하다는 점이다.

안 그래도 의미 있는 킬러앱(시장에 등장하자마자 다른 경쟁 제품을 몰아내고 시장을 완전히 재편할 정도로 인기를 누리고 투자비용의 수십 배 이상의 수익을 올리는 상품이나 서비스)이 없는 블록체인 시장인데, 메인넷 사이의 경쟁은 치열해진데다 사업을 담당할 인력마저 없으니 서비스다운 서비스가 성장하기 어렵다. 블록체인이 가진 트릴레마 때문에 서비스를 만들 때 군이 블록체인을 써야 할 이유가 없다는 점도 한계로 지목됐다. 예를 들어 사용자들은 스마트폰을 사용하면서 애플리케이션 화면을 이동할 때 걸리는 로딩 속도를 몇 초 이상 기다리기 싫어한다. 그런데 디앱들은 블록체인을 활용해 만들었기 때문에 속도가 느리다는 가장 큰 단점이 있었다. 애초에 블록체인은 해킹이 불가능할 정도로 보안성이 높다는 것이 골자였지, 빠른 속도를 주요 가치로 내세운 기술은 아니었다. 만약 메인넷 개발사가 속도를 높이기 위해 블록체인의 검증인 수를 줄이면 보안성이 낮아진다는 치명적인 문제가 있었다. 하나를 해결하려면 다른 것을 포기해야 하는 상황인 셈이다.

우리가 스마트폰에서 주로 사용하는 애플리케이션은 게임, 쇼핑, 소셜미디어 등이다. 처음에는 블록체인 기반의 디앱들도 이런 분야에서 서비스를 개발하려 했다. 그러나 아직까지도 성공 사례라고 당당하게 내세울 수 있는 애플리케이션이 없다. 애플리케이션이 없으니 트랜잭션이 발생하지 않고, 그렇게 블록체인은 버려진다. 땅을 열심히 개간해 도로를 만들고, 건물을 지었음에도 아무도 입주하지 않아 텅 빈 유령도시가 된 것이나 마찬가지다.

블록체인 시장이 찾은 답은 금융과 밈코인이다. 블록체인을 기반으로 한 금융 서비스는 디파이라고 불린다. 이는 탈중앙화 금융(Decentralized Finance)의 약자다. 디파이란 암호화폐를 예치하거나 빌리고 빌려줄 수 있는, 은행과 같은 역할을 하는 다양한 서비스들을 말한다. 그러나 은행처럼 특정 기관이 자금을 관리하거나 대출을 심사하는 등 중앙화되어 있지 않다. 블록체인의 스마트 컨트랙트(Smart Contract)라는 핵심 기술을 통해 모든 서비스가 자동화되도록 관리한다.

스마트 컨트랙트란 제3의 인증기관 없이 개인 간 계약이 이루어질 수 있도록 하는 기술을 말한다. 이는 이더리움에서 처음 적용하기 시작했고, 이후 등장한 메인넷들은 대부분 스마트 컨트랙트를 도입했다.

2020년 무렵 여러 디파이 서비스들이 등장하면서 블록체인 트랜객션은 크게 늘었다. 이자를 받기 위해 예치하거나 대출을 위해 보증금으로 넣어두는 코인의 수량이 늘면서 시장 유통량이 감소하자 코인의 시세도 상승했다. 비트코인이 중앙은행을 비판하며 P2P(개인 간) 거래를 위해 등장했던 것을 생각해보면 블록체인은 사실 다른 어떤 서비스보다도 금융에 가장 걸맞은 기술이었던 것인지도 모른다.

그런데 밈코인은 사정이 조금 다르다. 디파이는 결국 서비스기 때문에 서비스의 성장과 디파이 서비스가 발행한 코인의 시세 상승이 함께 이루어지는 구조다. 중앙은행이 없다고 해도 서비스와 시스템을 유지할 인력이 필요하고, 일반 투자자들을 디파이 서비스에 유입시키기 위한 노력도 해야 한다. 하지만 밈코인은 서비스라고 할 만한 게 없다. 호재가 없어도 시세가 오르기도 하고, 아무 일이 없는데도 가격이 급락하는 등 시장 상황을 따라가지 않는 개구쟁이 같은 존재다. 메인넷이 있는 코인들처럼 기술을 보유하거나 개발 중인 것도, 웹2.0 시장에서 성공한 사업모델을 가져와 적용한 것도 아니다. 재미로, 장난으로, 유행에 따라서 개발한 코인일 뿐인데 많은 관심을 받게 되면서 이제는 전체 코인 중 시가총액 50위권 내에서도 심심치 않게 밈코인을 볼 수 있다.

시가총액 상위를 차지한 강아지들

코인마켓캡(coinmarketcap.com)이나 코인게코(www.coingecko.com/ko), 쟁글(xangle.io) 같은 코인 정보 플랫폼에 들어가보면 시가총액 순서대로 코인 순위를 확인할 수 있다.

비트코인이 시총 1,800조 원 이상으로 압도적 1위를 지키고 있

#	이름	가격	1h %	24시간 %	7d %	시가총액
1	비트코인 BTC	₩92,045,660.17	▲0.07%	▲0.78%	▲12.22%	₩1,819,633,075,168,170
2	이더리움 ETH	₩3,589,968.46	▼0.16%	▲0.99%	▲11.41%	₩432,186,835,402,103
3	테더 USDT	₩1,369.30	▲0.02%	▲0.51%	▲1.65%	₩164,279,441,213,831
4	BNB BNB	₩815,891.23	▼0.40%	▲1.20%	▲6.26%	₩119,064,404,474,777
5	솔라나 SOL	₩208,459.60	▼0.02%	▼0.56%	▲10.81%	₩97,944,740,460,177
6	USDC USDC	₩1,369.69	▲0.04%	▲0.53%	▲1.58%	₩47,663,919,920,347
7	리플 XRP	₩756.57	▼0.56%	▲2.92%	▲6.82%	₩42,855,863,297,877
8	도지코인 DOGE	₩166.49	▼0.52%	▲1.78%	▲15.25%	₩24,374,263,849,647
9	트론 TRX	₩219.26	▼0.00%	▲1.07%	▲2.06%	₩18,972,620,676,590

2024년 9월 기준 암호화폐 시가총액 순위　　　　　　　출처: 코인마켓캡

으며 2위인 이더리움은 432조 원이다. 이외에 솔라나, 리플, 비앤비 등이 있는데 의외로 고개를 갸우뚱하게 만드는 코인들도 눈에 띈다. 도지코인(DOGE)은 시총 5위에서 10위를 넘나들며 대장 코인으로 분류된 지 오래고, 시바이누(SHIB)는 10위에서 15위, 페페(PEPE)는 20위권이다. 그 이하로는 사이트마다 순위가 다르지만 봉크(BONK), 플로키(FLOKI), 도그위프햇(WIF) 등의 코인들이 50위 내에서 자리를 지키고 있다. 페페를 제외하면 모두 강아지 캐릭터

2023년 기준 강아지를 심볼로 하는 수많은 밈코인 리스트   출처: 코넛

를 상징으로 한다.

코인 시장이 별안간 강아지 판이 된 이유는 무엇일까. 모든 투자자들이 재미를 위해 큰돈을 밈코인에 쏟아부을 리는 없다. 기술을 앞세우긴커녕 대놓고 장난으로 발행했다고 하는데도 투자자가 몰리는 이유는 한 가지다. 밈코인이 투자 트렌드라서다. 왜 트렌드로 자리를 잡게 됐는지는 알 수도 없고, 사실 알 이유도 없다. '밈(meme)'이란 현상이 원래 그렇기 때문이다.

밈이 무엇인지 정확히 정의를 내릴 수 있는 사람이 있을까? 밈이라고 하면 대부분 유행어나 재미있는 동영상, 인터넷 상에서 '짤방(짤림 방지)'으로 돌아다니는 이미지를 생각할 것이다. 그러나 여전히 밈이 무엇인지 명확하게 설명하기는 어렵다.

밈이라는 개념이 처음 등장한 것은 영국의 진화생물학자 리처드 도킨스(Richard Dawkins)의 저서인 《이기적 유전자》였다. 리처드 도킨스는 그리스어에서 모방을 뜻하는 단어인 '미메시스(Mimesis)'와 '유전자(Gene)'를 합성해 밈이라는 단어를 만들었다. 그는 밈이 유전적 방법이 아닌 '모방'을 통해 습득되는 문화요소라고 정의하며 다음과 같이 언급했다.

유전자가 유전자 풀 내에서 퍼져 나갈 때 정자나 난자를 운반자로 하여 이 몸에서 저 몸으로 뛰어다니는 것과 같이, 밈도 밈 풀

내에서 퍼져 나갈 때는 넓은 의미로 모방이라 할 수 있는 과정
을 거쳐 뇌에서 뇌로 건너다닌다.

(중략)

밈은 왜 이와 같이 높은 생존 가치를 나타내는가? 여기서 말하
는 '생존 가치'는 유전자 풀 속 유전자로서의 값이 아닌, 밈 풀 속
밈으로서의 값이라는 것을 기억하기 바란다.●

리처드 도킨스는 밈으로서의 생존 가치가 강력한 심리적 매력
에서 기인한다고 봤다. 그가 밈이라는 개념을 만든 지 50년이 되어
가고 있으며 그동안 밈에 대한 연구는 다양하게 진행됐지만 결론
적으로 말하고자 하는 이야기는 여전히 리처드 도킨스의 정의에서
크게 벗어나지 않는다. 모방을 통해 스스로 전파되는 생각, 문구,
이미지라는 것이다. 그런데 여기서 멈추지 않고 밈을 통해 창출된
문화가치는 사람들의 이목을 집중시키며 경제적 가치를 창출할 수
있다.

오래된 개념인 만큼 모두가 밈을 알고 있으며 즐기고 있지만 무
엇이라고 설명하기는 아직 어렵다. 밈이 된 문장이나 이미지가 귀
여워서든 재밌어서든 우리는 분명 심리적 매력을 느낀다. 그러나

● 《이기적 유전자》, 리처드 도킨스 지음, 을유문화사

성공하는 밈의 법칙을 규정할 수 없기 때문에 밈을 일부러 만들어내기란 불가능에 가깝다. 밈은 우연히, 장난처럼 생겨난다.

밈의 법칙이 그대로 적용된 밈코인 역시 마찬가지다. 사실 도지코인의 심볼로 쓰인 강아지는 '카보스(Kabosu)'라는 이름의 시바견으로 새침하면서도 어리둥절한 모습으로 찍힌 사진이 온라인상에 퍼지며 밈이 됐다. 우리가 알고 있는 도지코인 심볼 이미지만이 아니라 카보스를 필두로 한 시바견의 귀여운 이미지는 좌절하는 모습, 기뻐하는 모습 등 다양한 표정으로 다른 이미지와 합성돼 2차 창작(기존 창작물을 새롭게 해석하는 형태)과 밈으로 퍼져나갔다. 오히려 지금은 카보스의 이미지보다는 다양하게 만들어진 파생 캐릭터 혹은 대사를 덧붙이는 형식으로 재생산된 N차 창작물(2차 창작물에

도지 밈에 쓰인 시바견 카보스의 모습

서 더 발전해 선보이는 창작물에 자연수 N을 사용한다)이 더 많이 사용되고 있다. 그중 가장 유명한 N차 창작물을 살펴보자.

카보스는 코인의 상징으로 쓰이기 전부터 이미 유명한 강아지였다. 따라서 도지코인 개발자들이 강아지 사진으로 도지코인 로고를 만들자 대중은 반가움과 익숙함, 그리고 호기심을 동시에 느꼈을 것이다. 코인에 이미지가 덧대지며 심리적 매력을 느낀 셈이다. 도지코인이 밈코인의 대장으로 자리를 잡자 도지 이후에 등장하는 밈코인들은 일부러 강아지 이미지로 로고를 만들게 됐다. 따라서 대다수의 밈코인들은 일종의 2차 창작과 비슷한 양상을 보였

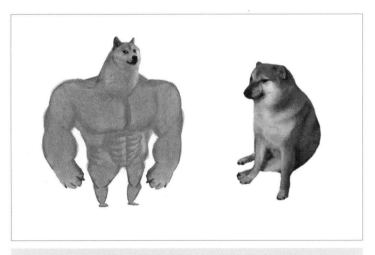

기존의 도지 밈에서 새롭게 창작된 '스월 도지(Swole Doge) 대 침스(Cheems)' 밈이다. 주로 과거의 강력한 상태와 현재의 약해진 상태, 또는 성공과 실패를 비교할 때 사용된다.

기원전 10대

"여보, 내가 오늘 사람을
여럿 죽이고 돌아왔소."

2020년 10대

"엄마, 도와줘요.
나방이 무서워요."

10만 년 전 인간

"나 배고프다.
나 오늘 맘모스 사냥한다."

오늘날의 인간

"왜 이렇게 배달이 늦지."

2차 창작된 밈 이미지에서 대사만 바꿔 재생산되는 N차 밈다. 그러나 강아지 로고를 들고 나오는 모든 밈코인이 성공하는 것은 아니다. 뒤에서 더 설명하겠지만, 밈코인은 유난히 홀더(holder, 코인 보유자)들의 커뮤니티와 네트워크의 영향을 많이 받는다. 든든한 지지층을 만들지 못한 밈코인은 반짝하고 생겼다가 곧 사라진다. 대중의 선택을 받지 못한 밈이 그러하듯이.

코인 트렌드가 기술에서 밈으로 어느 정도 옮겨오면서 코인에 대한 진입장벽은 조금 낮아졌다. 이전까지 대중에게 코인이 갖는 심리적 매력이라고는 높은 수익을 낼 수도 있다는 가능성뿐이었다. 탈중앙화, 투명성, 스마트 컨트랙트 등 블록체인이 주창하는 정치적, 사회적 이념이나 기술은 사실 크게 와닿지 않았고 어렵게만 느껴졌기 때문이다. 그러나 밈코인은 재미, 귀여움, 대중성, 엉뚱함 등과 결합했다. 좋게 보면 실험적이었고, 나쁘게 보면 장난으로 시작한 것이겠지만 수많은 투자자들이 투자를 결정할 만큼의 매력을 만들어냈다는 것은 놀라운 결과다. 이제 밈코인은 코인 시장의 가장 큰 테마 중 하나로 자리 잡았다.

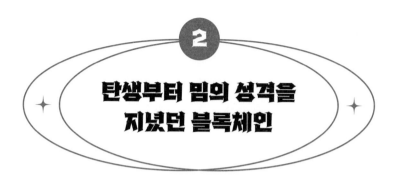

비트코인도 일종의 밈이다

흔히들 밈코인의 시작을 도지코인이라고 생각한다. 아주 틀린 말은 아니지만, 밈코인을 논하기 위해서는 비트코인의 탄생을 반드시 짚고 넘어가야 한다. 넓게 보면 비트코인 역시 밈의 일종이라고 볼 수도 있기 때문이다.

앞서 언급한 것처럼 밈이라는 것은 아직 정의를 내리기 어려운 개념이다. 우연히 찍은 영상이 인터넷 상에 돌면서 2차, 3차 창작까지 이어지기도 하고 누군가가 아무 생각 없이 쓴 댓글이 유행어처럼 번져나가 커뮤니티 이용자들이 익숙하게 사용하는 용어가 되기도 한다. 국내에서 생산된 밈이 해외까지 순식간에 번지는 시대다.

무엇이 밈이며, 어떤 게 밈이 될 수 있는지는 누구도 예상하기 어렵다. 한 가지 분명한 것은 전통적으로 밈 자체가 주류는 아니었다는 점이다. 연예인이 사용하는 유행어를 밈이라고 하지는 않는다. 오히려 주류를 풍자하고 조롱하며 은어처럼 사용하던 것들이 밈이 됐다.

비트코인도 마찬가지다. 이는 2008년 금융위기 당시 '탈중앙화'를 목표로 P2P 거래를 위해 만들어졌지만 그 기저에는 중앙은행이 통제하는 금융시스템에 대한 비판뿐만 아니라 어느 정도의 풍자도 가미되어 있다고 해석할 수 있다. 그 이유는 비트코인 창시자인 사토시 나카모토(Satoshi Nakamoto)가 비트코인의 제네시스 블록에 《타임즈(The Times)》의 2009년 1월 3일자 1면 제목을 새겼기 때문이다. 제네시스 블록에서 최초의 비트코인 트랜잭션에 남겨진 문구는 다음과 같다.

The Times 03 / Jan / 2009 Chancellor on brink of second bailout for banks
더 타임스, 2009년 1월 3일, 은행들의 두 번째 구제금융 발표를 앞둔 UK 재무장관

우리는 비트코인 창시자인 사토시 나카모토가 누구인지 여전히 모른다. 그에 대한 아무런 정보도 알려진 바가 없다. 그래서 우리는

```
00000000   01 00 00 00 00 00 00 00   00 00 00 00 00 00 00 00   ................
00000010   00 00 00 00 00 00 00 00   00 00 00 00 00 00 00 00   ................
00000020   00 00 00 00 3B A3 ED FD   7A 7B 12 B2 7A C7 2C 3E   ....;£íýz{.²zÇ,>
00000030   67 76 8F 61 7F C8 1B C3   88 8A 51 32 3A 9F B8 AA   gv.a.È.Ã^ŠQ2:Ÿ.ª
00000040   4B 1E 5E 4A 29 AB 5F 49   FF FF 00 1D 1D AC 2B 7C   K.^J)«_Iÿÿ...¬+|
00000050   01 01 00 00 00 01 00 00   00 00 00 00 00 00 00 00   ................
00000060   00 00 00 00 00 00 00 00   00 00 00 00 00 00 00 00   ................
00000070   00 00 00 00 00 00 FF FF   FF FF 4D 04 FF FF 00 1D   ......ÿÿÿÿM.ÿÿ..
00000080   01 04 45 54 68 65 20 54   69 6D 65 73 20 30 33 2F   ..EThe Times 03/
00000090   4A 61 6E 2F 32 30 30 39   20 43 68 61 6E 63 65 6C   Jan/2009 Chancel
000000A0   6C 6F 72 20 6F 6E 20 62   72 69 6E 6B 20 6F 66 20   lor on brink of
000000B0   73 65 63 6F 6E 64 20 62   61 69 6C 6F 75 74 20 66   second bailout f
000000C0   6F 72 20 62 61 6E 6B 73   FF FF FF FF 01 00 F2 05   or banksÿÿÿÿ..ò.
000000D0   2A 01 00 00 00 43 41 04   67 8A FD B0 FE 55 48 27   *....CA.gŠý°þUH'
000000E0   19 67 F1 A6 71 30 B7 10   5C D6 A8 28 E0 39 09 A6   .gñ¦q0·.\Ö¨(à9.¦
000000F0   79 62 E0 EA 1F 61 DE B6   49 F6 BC 3F 4C EF 38 C4   ybàê.aÞ¶Iö¼?Lï8Ä
00000100   F3 55 04 E5 1E C1 12 DE   5C 38 4D F7 BA 0B 8D 57   óU.å.Á.Þ\8M÷º..W
00000110   8A 4C 70 2B 6B F1 1D 5F   AC 00 00 00 00            ŠLp+kñ._¬....
```

비트코인 제네시스 블록 트랜잭션에 입력된 사토시 나카모토의 메시지

THE TIMES

Max 5C, min -5C   Saturday January 3 2009 timesonline.co.uk   No 69523   £1.50

Chancellor on brink of second bailout for banks

Billions may be needed as lending squeeze tightens

Francis Elliott Deputy Political Editor
Gary Duncan Economics Editor

Alistair Darling has been forced to consider a second bailout for banks as the lending drought worsens.

The Chancellor will decide within weeks whether to pump billions more into the economy as evidence mounts that the £37billion part-nationalisation last year has failed to keep credit flowing. Options include cash injections, offering banks cheaper state guarantees to raise money privately or buying up "toxic assets", The Times has learnt.

The Bank of England revealed yester-day that, despite intense pressure, the banks curbed lending in the final quarter of last year and plan even tighter restrictions in the coming months. Its findings will alarm the Treasury.

The Bank is expected to take yet more aggressive action this week by cutting the base rate from its current level of 2 per cent. Doing so would reduce the cost of borrowing but have little effect on the availability of loans.

Whitehall sources said that ministers planned to "keep the banks on the boil" but accepted that they need more help to restore lending levels. Formally, the Treasury plans to focus on state-backed gurantees to encourage private finance, but a number of interventions are on the table, including further injections of taxpayers' cash.

Under one option, a "bad bank" would be created to dispose of bad

99p
Pub chain cuts the price of a pint from £1.69 to 1989 levels
Business, page 47

debts. The Treasury would take bad loans off the hands of troubled banks, perhaps swapping them for government bonds. The toxic assets, blamed for poisoning the financial system, would be parked in a state vehicle or 'bad bank' that would manage them and attempt to dispose of them while "detoxifying" the mainstream banking system.

The idea would mirror the initial proposal by Henry Paulson, the US Treasury Secretary, to underpin the American banking system by buying

Continued on page 6, col 1
Leading article, page 2

《타임즈》 2009년 1월 3일 1면

그가 어떤 생각으로 이와 같은 메시지를 남겼는지 알 수 없다. 하지만 분명한 것은 트랜잭션 메시지에 넣은 《타임즈》 1면으로 인해 중앙은행과 현 금융시스템에 대해 비판적인 시각을 바탕으로 대중의 공감대를 이끌어내려고 했다는 점이다.

마약, 성인물의 거래수단에서 금융자산으로 자리 잡기까지

비트코인의 시작은 2008년 사토시 나카모토가 내놓은 9장에 불과한 짧은 논문(백서)이었다. 사토시 입장에서는 기존 금융시스템을 비판하며 호기롭게 발표한 것일 테지만, 처음에는 큰 관심을 받지 못했다.

사실 블록체인의 기술이 많이 발전한 현재에 이르러서는 결제나 포인트 등 블록체인을 활용한 서비스를 개발할 때 굳이 비트코인을 사용하지 않는다. 이는 마치 구리가 아닌 금으로 전선을 만드는 것과 마찬가지로 비효율적이기 때문이다. 비트코인은 디지털 금으로 불리는 존재라서 자산으로서 그 가치를 가질 뿐, 기술이나 사용성은 떨어진다. 때문에 결제화폐로도, 금융자산으로도 인정받지 못했다. 그러나 창시자의 의도와는 다르게 비트코인은 음지에서 활발하게 이용됐다. 2010년대 초반까지만 해도 비트코인은 마약 거래 시 결제 수단, 성인 사이트 혹은 게임 결제, 해커들의 거래 수단 등으로 쓰였다. 아직까지도 코인에 대한 이미지가 좋지 않은 것은 이 때문이다. 비트코인은 음지에서 아는 사람들끼리만 사용하던 디지털 자산이었는데 중앙화 거래소가 등장하면서 조금씩 양지로 올라왔다. 중앙화 거래소는 우리가 익숙하게 사용하는 업비트, 빗썸과 해외 거래소인 바이낸스 등 운영하는 주체가 뚜렷한 기업형 거래소를 뜻한다.

불과 10년 전까지만 해도 이미지가 좋지 않았던 비트코인이었지만 이제는 상황이 달라졌다. 2024년 1월, 미국 증권거래위원회는 11개 비트코인 현물 ETF(Exchange Traded Fund, 상장지수펀드)의 상장 및 거래를 승인했다. 그 효과는 컸다. 이 소식과 함께 비트코인의 시세는 치솟았고 3월에는 개당 1억 원을 훌쩍 넘겼다. 투자자들은 '언젠가 비트코인이 1억 원까지 갈 것이다'라는 말을 했지만 그게 10년 후가 될지, 20년 후가 될지는 알 수 없었다. 그러나 2017년 코인 투자 열풍이 불었던 이후 7년 만에 ETF 승인과 비트코인 1억 원을 동시에 달성했다.

현실을 풍자하기 위해 만들었던 창작물이 비주류에 머물다가 대중적으로 쓰이게 되면서 주류가 되는 현상과 같은 흐름을 보인다. 비트코인의 흐름은 밈코인과 비슷해 보인다. 도지코인은 코인을 이

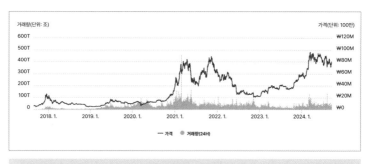

비트코인의 2018년부터 2024년까지의 시세   출처: 쟁글

용한 사기와 투기 세력을 비판하고 시장을 풍자하면서 투자자들의 공감을 얻었고 그 덕에 지금과 같이 성장했다. 비트코인의 탄생과 성장 역시 이와 다를 바 없는 셈이다.

수많은 코인이 블록체인 기술을 앞세우면서도 여전히 트릴레마를 어떻게 해결할 것인지 고민한다. 결론적으로는 다양한 합의 알고리즘*이 등장했는데, 작업증명(PoW, 보상을 받기 위해 일정 문제를 푸는 형태) 방식의 채굴을 버리고 지분증명(PoS, 더 많은 암호화폐를 보유할수록 더 많은 결정 권한을 지니는 방식), 위임지분증명(DPoS, 암호화폐 소유자들이 각자의 지분율만큼 투표를 통해 대표를 설정하고 이들이 대신 결정하는 방식), 중요도증명(PoI, 기여도증명이라고도 불리며 생태계에 기여한 영향도 평가한다) 등의 새로운 합의 알고리즘을 내놓고 있다. 그러나 탈중앙화라는 가치와는 점차 멀어지고 보안성도 떨어지게 하는 결과를 부른다는 비판을 받기도 한다. 이러한 점으로 미뤄 볼 때, 사

실 비트코인의 이념 중 기존 시스템 혹은 현상에 대한 비판적 측면
에서는 도지코인이 가장 닮아 있는 것이 아닐까 하는 생각도 든다.

＊ 합의 알고리즘

블록체인이 운영되는 핵심 요소로, 분산화된 시스템의 무결성과 보안을
유지시키는 역할을 한다. 블록체인이란 일종의 장부인데, 이걸 여러 참여
자들, 즉 블록체인에서는 노드(Node)라고 칭하는 이들이 나눠 갖고 있다.
각각의 참여자들이 보유한 장부의 내용은 똑같아야 하는데, 통신을 통해
새로운 기록의 공유와 검증 및 추가에 대한 전체의 동의를 얻어내는 알고
리즘 방식은 다양하다. 블록체인 합의 알고리즘은 방법에 따라 작업증명,
지분증명, 위임지분증명 등으로 나뉜다.

▶ 작업증명(PoW, Proof of Work)

블록체인 최초의 증명 방식으로, 사토시 나카모토의 논문인 〈Bitcoin: A
Peer-to-Peer Electronic Cash System〉에 처음 소개됐다.[*] 블록을
생성하기 위해 해시값을 찾는 작업을 특정한 문제를 풀어 이를 증명하는
것으로, 이 증명은 채굴(mining)을 통해 이루어진다. 이 과정에 높은 컴
퓨팅 파워와 막대한 양의 전기가 소비되기 때문에 이에 대한 보상으로 해
당 블록체인 네트워크에서 사용하는 암호화폐를 준다.

● https://bitcoin.org/bitcoin.pdf

▶ 지분증명(PoS, Proof of Stake)

작업증명 방식의 알고리즘이 고성능 장비를 보유한 이들로 인해 채굴 독점 현상이 생기거나 채굴기의 전기 소모가 많아 기후위기에 악영향을 미친다는 비판을 받으면서 이를 해결하기 위해 도입됐다. 각 블록체인에서 발행한 코인을 보유하고 있는 지분에 비례해 의사결정 권한을 주는 합의 알고리즘이다. 지분증명으로의 전환은 대규모의 컴퓨팅 파워 낭비를 줄이고 트랜잭션 처리 속도와 수수료 절감 등의 효과가 있다. 그러나 코인을 많이 보유한 이들만 검증에 참여할 수 있다는 점은 문제로 제기된다.

▶ 위임지분증명(DPoS, Delegated Proof of Stake)

위임지분증명은 코인 보유자들이 자신들의 블록체인 검증 작업을 제3자에게 위임하는 투표 시스템을 통해 운영되는 블록체인 방식이다. 여기서 제3자는 증인 혹은 대표라고 불리기도 하며, 새로운 블록의 생성과 검증 과정에 합의를 도출할 책임을 갖는다. 위임지분증명 알고리즘은 확장성이 뛰어나 작업증명과 지분증명보다도 속도가 빠르다. 그러나 검증인의 수가 지분증명보다 적어 탈중앙화라는 블록체인의 주요 가치와 거리가 멀고, 코인을 많이 보유한 이들이 검증인보다 많아질 경우 악의적 공격에 쉽게 노출된다는 단점이 있다.

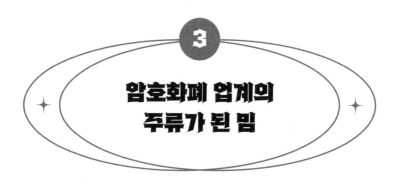

MZ 투자자들, 밈코인에 꽂히다

최근 코인 시장은 기술 코인과 더불어 밈코인이 양대 투자 테마로 분류되고 있다. 하지만 모든 코인 투자자들이 밈코인에 관심을 보이는 것은 아니다. 밈코인은 주로 젊은 투자자들이 보유하고 있으며 이들은 도지코인 외에도 새로운 밈코인을 찾아다닌다.

기성세대가 사용하기 시작한 유행어 혹은 밈은 그 생명을 다했다는 말이 있다. 코인 시장에서도 마찬가지다. 젊을수록, 코인 투자를 오랫동안 했던 사람일수록 새로운 밈코인에 더 큰 관심을 보인다. 도지코인은 다소 오래된, 주류 코인이라서 오히려 관심도가 떨어지는 취급을 받기도 한다.

젊은 투자자들은 커뮤니티를 적극 활용해 새로운 밈코인을 찾는다. 언뜻 보면 이들이 아무 밈코인이나 사들이는 것처럼 보일 수 있지만, 이들은 트위터(현재는 '엑스'라는 이름으로 변경됐다)와 디스코드, 텔레그램 등을 통해 '덕질'을 하듯이 여러 코인들의 생태계와 커뮤니티를 들여다본다.

10대에서 30대까지 젊은 층에게 소셜미디어는 매우 중요한 서비스다. 본인을 드러내기 위한 수단이자 사람들과 소통하는 창구다. 예전에는 싸이월드와 같은 소셜미디어에 접속하기 위해서는 컴퓨터 앞에 앉아야 했지만, 스마트폰이 등장하면서 시도 때도 없이 소셜미디어를 들여다볼 수 있게 되자 그 영향력은 점차 커졌다. 이런 소셜미디어 안에서 생성된 밈의 유행 속도는 훨씬 빨라졌으며 그 수도 늘어났고, 어떤 플랫폼이든 상관없이 팔로어를 많이 보유하면 연예인이 아니더라도 연예인 이상의 인기를 얻는 인플루언서가 될 수 있다. 그리고 이들은 트렌드를 만들거나 일종의 오피니언리더 역할을 하게 되기도 한다.

코인 시장도 젊은 사람들이 주요 투자층인 만큼 소셜미디어와 인플루언서의 역할이 중요하다. 다만 이용하는 플랫폼이 조금 다르다. 대중적으로 이용되는 서비스가 인스타그램이나 틱톡, 유튜브라면 코인 시장에서는 엑스와 디스코드, 텔레그램을 주로 이용한다. 텔레그램은 이미 많이 쓰이는 메신저 서비스이기 때문에 익숙하겠지만, 디스코드는 주로 10대와 20대가 사용하는 해외 메신저 서비스라 국내에는 아직 대중적으로 알려져 있진 않다. 디스코드를 이용하면 음성채팅, 화상채팅, 화면공유 등의 다양한 기능을 이용할수 있어 인기가 높다. 이 때문에 직장인들은 디스코드가 메신저보다는 슬랙(Slack) 등의 업무관리 프로그램, 오피스 메신저에 가깝다고 느끼게 된다. 한국에 처음 소개됐던 당시에는 게이머나 아이돌 팬카페 용도로 주로 사용됐다가 차츰 코인 투자자들에게도 전파됐다.

밈코인과 디젠의 관계

블록체인 업계에서 자주 사용하는 단어 중 '디젠(Degen)'이라는 용어가 있다. 밈코인과 디젠은 떼려야 뗄 수 없는 관계다. 디젠이란 '디제너레이트(Degenerate, 도박 중독자를 낮잡아 부르는 단어)'에서 파생된 용어로 급등락이 심하다고 해도 초기 프로젝트라면 기꺼이 참여하는 사람들로 정의된다. 이들은 투자보다는 '무모한 베팅'에 가까운 행동을 하는 것으로 알려져 있다. 처음 디젠이라는 용어가 사용된 것은 디파이(탈중앙화 금융시스템)에서 고위험 자산을 거래하는 트레이더들을 디파이 디젠(DeFi Degen)으로 지칭하면서부터 였다. 그리고 이 디젠들에게는 몇 가지 특징이 있다.*

- 자기 과시: 디젠들은 자신이 디젠임을 자랑스럽게 생각하며, 소셜미디어 프로필 등을 통해 이익을 찾는 자신의 모습을 공개적으로 드러낸다. 도박꾼이라는 사실에 대한 부정적인 인식보다는 큰 수익을 인증하며 많은 팔로어와 지지자를 얻는 것을 중요하게 여긴다.
- 커뮤니티 언어 사용: 디젠 커뮤니티는 '보유(HOLD)'나 '가즈아!(LFG, Let's *ucking Go의 약자)' 같은 코인 커뮤니티의 고유한 용어를 사용하여 강한 결속력과 동질감을 형성한다.
- 밈코인 거래 및 공유: 디젠들은 밈코인 거래를 즐기며, 밈 이미지를 공유하며 자신들의 결속을 강화한다.
- 투자에 대한 고민 부족: 대부분의 디젠들은 투자에 대해 깊은 고민이나 연구를 하지 않는다. 그들은 토크노믹스나 코인의 사용처보다는 큰 수익을 얻기 위한 투자에 중점을 둔다.

언뜻 보기엔 비합리적으로 보일 수 있지만 사실 코인 시장에서 디젠들이 미치는 영향은 매우 크다. 이들은 높은 수익을 내고 그것을 과시하기 때문에 다른 투자자들에게 포모 현상(FOMO, Fear Of Missing Out, 다른 사람은 모두 누리는 좋은 기회를 놓칠까 봐 걱정되고 불안한 마음)을 유발한다. 결국 디젠에게 선택받은 밈코인이 대중의 관

- 쟁글 다이제스트, 〈밈(Meme) 코인 거래와 디젠(Degen) 문화의 특수성〉, xangle.io/research/detail/1766

심을 받게 된다. 10대들 사이에서 아이폰이 유행인 것과 마찬가지다. 모두가 아이폰을 비롯해 여러 애플 기기를 인증하고 있는데, 나만 다른 스마트폰을 쓰면 왠지 뒤처지는 기분이 들게 된다. 디젠들은 코인 시장에서는 유행을 선도하는 사람들이라고 보면 된다.

디젠들은 대부분 텔레그램이나 디스코드 채널을 운영하며 자신이 선택한 코인을 알려주고 수익을 인증한다. 때로는 직접 프로젝트를 론칭하기도 한다. 디젠의 영향력이 큰 것 역시 젊은 투자자들이 많고 커뮤니티의 역할이 큰 코인 시장의 특성에서 비롯됐다.

커뮤니티의 성장과 밈의 발전

코인이 풀어야 할 영원한 과제는 유틸리티 문제, 즉 이 코인을 어디에 쓸 것인가다. 각 코인 발행 프로젝트들은 결제, 게임, 디파이 등 다양한 영역과 결합하고 토크노믹스와 로드맵을 만들고 있다. 그런데 밈코인은 유틸리티나 토크노믹스를 제대로 만들어두지 않아도 홀더들을 끌어모은다. 커뮤니티 활동 그 자체를 유틸리티로 만들어버렸기 때문이다. 일반적인 코인들이 유틸리티를 찾으려다가 오히려 웹2.0의 기존 사업모델과 충돌하고 효율성 면에서 밀려자리를 잡지 못하는 것과 대조적이다.

커뮤니티가 곧 유틸리티인 밈코인 시장에서 엑스의 존재감은 상당하다. 블록체인 업계 종사자들 대부분은 엑스 계정을 보유하고 있으며 스페이스(Space, 음성채팅 서비스)와 스레드(Thread, 한 가지 주제를 길게 이어 쓰는 것), 그리고 커뮤니티*를 통한 토론 참여 등이 매우 활발한 편이다.

특히 코인 시장이 활황을 맞이하면 이런 소셜미디어 참여도는 더 높아진다. 거의 매일같이 스페이스가 열리며 시장에 대한 유의미한 분석과 전망 등을 논의한다. 블록체인 업계 종사자 대다수가 개발자이기 때문에 블록체인 기술에 대해서도 이야기를 나누지만 코인 분야의 일반 투자자들 역시 이해도가 높은 편이기 때문에 개발자가 아니더라도 편하게 자신의 의견을 피력하는 편이다.

* 엑스는 어떻게 코인 홀더들을 사로잡았을까?
초기의 엑스는 140자 내외의 혼잣말을 남기는 단순한 서비스였다. 그러나 지금은 유료화가 진행되며 다양한 기능을 통해 소셜미디어 겸 커뮤니티 역할을 해내고 있어 코인 투자자들에게는 거의 필수적인 소셜미디어 서비스가 됐다.

▶ 스레드

초창기 엑스는 긴 글을 쓰기 적합한 서비스가 아니었다. 때문에 글이 길어질 경우 2개 이상의 트윗으로 나눠 쓰게 된다. 스레드란 이처럼 한 사람이 작성한 연결된 트윗을 말한다. 스레드를 사용하면 여러 개의 트윗을 연결하여 추가적인 문맥 정보, 업데이트 또는 확장된 의견을 제공할 수 있다. 또한 이 스레드에 다른 사람들이 남긴 의견도 모두 볼 수 있다.

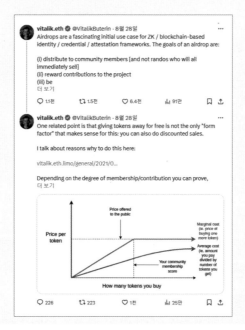

이더리움 창시자인 비탈릭 부테린이 에어드롭에 대해 설명한 스레드. 이처럼 스레드를 통해 긴 글을 쓸 수 있게 되면서 전문적인 내용을 다루는 이들도 많아졌다.

출처: 엑스

▶ 스페이스

실시간 음성채팅을 할 수 있는 공간이다. 발언자로 지정된 이들만 토론에 참여할 수 있지만 기본적으로 공개된 공간이므로 누구나 청취자로 참여할 수 있다. 스페이스로 연결되는 링크를 개인끼리 쪽지로 보내거나, 링크를 트윗하여 알리거나, 다른 곳에서 링크를 공유하여 청취자를 스페이스에 직접 초대할 수 있다.

스페이스를 통해 음성채팅으로 토론을 진행하는 모습　　　　　출처: 엑스

▶ 커뮤니티

커뮤니티 기능은 사람들이 가장 관심을 보이는 토론에 연결하고 공유하는 전용 공간을 마련하기 위해 만들어졌다. 커뮤니티는 사용자가 직접 만들 수 있고, 커뮤니티 관리자가 가입 초대를 수락한 사용자는 멤버가 된다. 커뮤니티의 트윗은 사용자 누구나 볼 수 있지만, 커뮤니티 내에 있는 사람들만 토론에 참여할 수 있다.

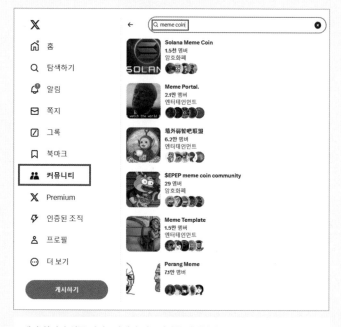

메인 화면의 왼쪽 사이드바에서 커뮤니티를 선택한 후 검색창에 밈코인을 검색하면 수많은 팀을 찾아볼 수 있다. 사용자가 관심 있는 커뮤니티를 선택해 가입을 신청하고 수락되면 참여할 수 있다.

출처: 엑스

블록체인 업계의 이와 같은 특징은 밈코인의 성장에 영향을 미쳤다. 밈코인이 가치를 높일 수 있는 수단은 사실상 해당 코인에 투자한 투자자들의 모임, 즉 커뮤니티뿐이다. 이들이 어떤 플랫폼을 이용해 커뮤니티를 형성하는지는 중요하지 않다. 그러나 커뮤니티를 통해 코인에 대한 확고한 지지층을 확보하면 시세는 쉽사리 떨어지지 않고 호재에 더욱 민감하게 반응한다. 그래서 밈코인을 발행하는 프로젝트들은 커뮤니티를 성장시키기 위해 애쓴다.

특히 엑스와 코인 가격의 상관관계에 대해서는 이미 많은 연구가 있었는데, 이 데이터를 이용해 2022년 5월 발생한 루나 사태를 예측하는 동시에 소셜미디어 활동과 시세는 관계가 있다는 점을 증명한 연구가 대표적이었다.[*] 이에 더해 밈코인은 이더리움보다 소셜미디어의 영향을 더 많이 받는다는 것[**], 커뮤니티가 활발하게 운영될수록 밈코인의 가격은 다른 기술 기반 코인보다 더 큰 폭으로 시세가 상승한다는 것[***] 등을 증명한 연구도 있다. 특히 이 연구

[*] Janczyszyn, A., Żmujdzin, J. (2022), *Could Twitter have predicted the drop in the price of Terra (LUNA)?*, University of Warsaw.

[**] Bouteska, A., Hajek, P., Abedin, M. Z., Dong, Y. (2022), *Effect of Twitter Investor Engagement on Cryptocurrencies during the COVID-19 Pandemic*, Research in International Business and Finance, 101850, DOI: https://doi.org/10.1016/j.ribaf.2022.101850

[***] Lansiaux, E., Tchagaspanian, N., Forget, J. (2022), *Community impact on a cryptocurrency: Twitter comparison example between Dogecoin and Litecoin*, Frontiers in Blockchain, Vol. 5, 829865, DOI: https://doi.org/10.3389/fbloc.2022.829865

에 따르면 도지코인의 트랜잭션 양은 소셜미디어에서 언급된 수와 밀접한 연관이 있는데, 동시에 도지코인을 많이 보유한 고래들(많은 양의 암호화폐를 보유한 이들)이 커뮤니티 활동을 활발하게 할수록 트윗 전체에서 언급되는 양이 늘어나는 양상을 보였다. 투자자들이 밈코인 커뮤니티가 활발할수록 가격이 오른다고 생각했던 것은 단순히 관념적인 가설이 아니라 추론이 가능한 사실이었던 셈이다. 이처럼 커뮤니티의 존재감이 중요하다 보니 밈코인들은 모두 공식 엑스 계정을 운영한다.

그렇다면 밈코인 커뮤니티는 어떻게 운영될까? 코인별 커뮤니티의 특징이나 사건에 대해서는 더 자세히 다루겠지만 결론적으로는 투자자들 사이에서 활발한 소통을 하도록 유도해 재미와 소속감을 느끼게 하는 동시에 코인 시세 상승에 대한 포모 현상을 일으키는 게 중요하다.

사실 이는 우리가 일상에서 쉽게 접할 수 있다. 평소 시시콜콜한 내용으로 수다를 나누던 회사 동료들이 갑자기 특정 주식이나 코인으로 돈을 벌었다고 자랑을 하면 관심이 가기 마련이다. 물론 한 명보다는 여럿이서 말할 때 효과는 더 커질 것이다. 주부들은 육아 때문에 바깥에서 사람을 만나기가 쉽지 않아, 지역 맘카페에서 생활용품에 대한 정보를 얻게 된다. 만약 평소 맘카페에서 자주 언급되던 제품을 공동구매 형식으로 저렴한 가격에 판매한다는 글이

도지코인, 시바이누, 페페, 봉크의 공식 엑스 계정. 도지코인과 시바이누의 팔로어 수는 400만 명에 육박하며 다른 밈코인과 비교 불가 수준으로 많다. 참고로 이더리움 재단의 팔로어 수는 2024년 기준 345만 명인데, 두 밈코인의 팔로어 수가 이보다 많다.　　　　출처: 엑스

올라오면 기회를 놓칠 새라 너도나도 줄을 선다. 오프라인이든 온라인이든 커뮤니티는 소통을 통해 재미를 느끼게 하면서도 인간의 여러 욕구를 자극하게 하는 콘텐츠투성이다. 밈코인 커뮤니티도 이와 비슷한 양상을 띤다.

me: (나)

Spending
$30
on shoes

(신발 구매에 30달러나 쓰다니!)

Spending
$3,000
on Dogecoin

(도지코인에 3,000달러 태워볼까?)

imgflip.com

기존에 유행하던 밈에 도지코인을 합성해 만든 또 다른 밈 이미지

더 근본적인 질문을 해보자. 우리는 어떤 커뮤니티를 선택할까? 답은 너무나 명확하다. 더 많은 사람이 이용하고, 더 많은 콘텐츠가 있고, 결론적으로 더 재미있는 커뮤니티다. 커뮤니티 활동이 활발한 밈코인은 투자자들이 직접 코인의 심볼을 활용해 새로운 이미지를 만들어 공유한다. 특히 약세장에서는 자조적인 이미지를 만들기도 하는데, 많은 투자자에게 공감을 얻어 인기를 얻으면 해당 이미지는 인플루언서들도 직접 공유할 정도로 유명한 2차 창작물이 된다.

서울대학교 블록체인 학회인 디사이퍼(Decipher)는 〈밈코인의 니즈는 어디에서 오는가〉라는 보고서를 통해 이렇게 분석했다.

> 웹3.0 문화는 오락 및 게이미피케이션(Gamification)과 핏이 맞는다. 밈코인은 대중이 투자를 더욱 게임처럼 느끼게 하고 몰입하게 해 참여를 높인다. 또한 밈과 스토리를 만들어내는 기호학적 과정은 내러티브를 통해 매스어답션(Mass Adoption, 대중수용)을 이루기 위한 시스템 정착의 필요 요소다. HODL*이나 WAGMI("We All Gonna Make It"), 레이저 아이즈(Laser Eyes) 등 웹3.0의 놀이 문화는 밈을 통해 표출되며 정체성을 직관적으로 보여준다.●

● 디사이퍼, 〈밈코인(Meme Coin)의 Needs는 어디에서 오는가?(feat. PEPE)〉, 미디엄, 2023년 5월

* HODL

Hodl(HODL과 같이 대문자로 사용)은 암호화폐 커뮤니티에서 사용되는 인터넷 밈으로, 시세와 관계없이 암호화폐를 팔지 말고 계속 보유하고 있는 것을 권하는 인터넷 속어다. 2013년 12월 비트코인토크 포럼에 올라온 글의 제목인 〈I AM HODLING〉에서 비롯되었다. 이 글의 작성자는 술을 마신 후 취한 상태에서 글을 작성하여 HOLD(보유하다)를 HODL로 적는 오타를 냈고, 글의 내용과 맞물려 밈으로 발전했다. 현재는 'Hold On for Dear Life'의 약자로 설명되기도 한다.

인플루언서, 커뮤니티, 일론 머스크

사실 과거의 트위터(현재의 엑스)는 익명으로 애니메이션이나 아이돌 '덕질'을 하기에 최적화된 플랫폼이라는 이미지가 강했다. 그들이 향유하는 문화 자체가 마이너한 것은 아니지만, 이를 즐기는 방식은 독특했다. 유명 연예인들은 인스타그램이나 틱톡 혹은 유튜브 계정을 통해 본인을 홍보하고, 팬들과 직접 소통을 하더라도 인스타그램 스트리밍이나 버블, 위버스 등의 서비스를 이용했다. 당시 트위터로 팬들과 소통하는 경우는 매우 드물었다.

그러나 코인 시장에서는 엑스를 통한 인플루언서와 일반 투자자들 사이의 소통이 유난히 많은 편이며 인플루언서들이 코인에 대한 자신의 생각을 트윗으로 남기는 것에 대해 거리낌이 없다. 자칫 시세 조종 행위로 보일 수도 있지만, 특정 코인을 지지한다는 의견을 스스럼없이 내보이기도 한다. 이 때문에 코인의 시세는 인플루언서들의 말 한마디에 급등락을 반복하는 모습을 보인다.

밈코인 투자자들이 인플루언서들의 활동에 촉각을 곤두세우고, 자신들의 커뮤니티에 인플루언서가 참여해주길 기다리는 것은 어찌 보면 당연한 일이다. 전통 금융시장의 시각에서 바라보기에 이와 같은 현상은 무지몽매하고, 투자자들의 성향 역시 투자보다는 투기에 가깝다고 볼 수 있다. 그러나 밈코인의 유틸리티는 곧 커뮤니티고, 커뮤니티를 성장시키는 원동력은 인플루언서의 등장이라는 것을 우리는 이미 많은 플랫폼을 통해 확인했다.

밈코인에 대한 애정을 드러내는 가장 유명한 인플루언서는 테슬라의 CEO인 일론 머스크다. 일론 머스크의 팔로어 수는 2억 명에 달하는데, 코인 시장 최고의 셀럽이라고 할 수 있는 비탈릭 부테린(Vitalik Buterin, 이더리움 창시자)의 팔로어 수는 540만 명에 불과하다. 2억 명이라는 팔로어 수도 놀랍지만, 그의 트윗은 미디어를 통해 일파만파 퍼지기 때문에 팔로어 수 이상의 영향력이 있다고 볼 수 있다. 도널드 트럼프나 스눕 독, 마크 큐번 등 여러 유명인이 코

일론 머스크가 직접 올린 도지코인 관련 트윗. "도지코인은 모두의 암호화폐", "높지도, 낮지도 않고 오직 도지" 등을 적어두었다. 일론 머스크는 디즈니 애니메이션 〈라이온 킹〉 이미지를 적극 차용했다. 주술사인 원숭이가 어린 주인공 심바를 들어 올리는 장면에 자신의 얼굴과 시바견의 얼굴을 입힌 도지코인 2차 창작물을 직접 공유하기도 했다. 출처: 엑스

인에 대한 지지 의사를 표명했지만 일론 머스크처럼 적극적으로 밈코인을 홍보하는 이는 드물다.

그가 도지코인에 대해 언급한 트윗은 셀 수 없을 정도로 많다. 단순히 말로만 지지를 하는 게 아니다. 지난 2022년 1월부터 일론 머스크의 지원 아래 테슬라는 일부 상품에 한해 도지코인을 결제 수단으로 채택했으며 향후 그가 소유한 또 다른 기업인 스페이스엑

스(Space X)의 결제 수단으로 채택하겠다는 의지를 보이기도 했다. 또 2022년 트위터를 인수하고 엑스(X)로 리브랜딩을 한 후에는 엑스 페이먼츠(X Payments)라는 결제 기능을 추가하겠다는 계획도 내놨는데, 여기에 도지코인을 추가할 가능성도 암시했다. 엑스 페이먼츠는 아직 출시되지 않았지만 출시될 경우 엑스 사용자가 본인의 계정에 돈을 저장해두면 다른 사용자에게 송금하거나 다양한 서비스를 결제하는 등의 기능을 쓸 수 있을 것으로 보인다.

사실 도지코인은 장난으로 만들어졌지만, 한 기업인의 팬심이 없던 유틸리티를 만들어낸 것이다. 그가 도지코인과 관련된 트윗을 올리거나 계획을 말할 때마다 시세가 급등하는 것은 이제 익숙한 광경이 됐다. 이는 코인 시장에서만 볼 수 있는 특이한 현상이며, 밈코인 홀더들이 인플루언서들의 활동에 촉각을 기울이는 이유다.

암호화폐 애널리스트인 무라드 마후무도브(Murad Mahmudov)도 밈코인 트렌드를 이끄는 대표적인 인플루언서다. 그의 엑스 팔로어 수는 38만 3,000명대이며 자신을 밈코인 전문 애널리스트로 소개하고 있다. 비트코인 맥시멀리스트(극단주의자)에서 밈코인 맥시멀리스트로 노선을 변경한 무라드는 2024년 기준으로 암호화폐 시장이 밈코인 슈퍼사이클의 초기 단계에 있으며, 2025년 말까지 밈코인 시장이 정점에 달할 것으로 주장하며 밈코인 투자자들로부터 많은 인기를 얻고 있다. 2024년 10월 싱가포르에서 열린

MMM's Top 10 SSS-Tier Highest Conviction Cults Buying Spree Arc

	Name, Ticker, Chain	First Mention	Current Mcap	My LT Target	Reasoning
	SPX6900 $SPX (Ethereum)	$10 Million	$757 Million	$100 Billion	#1 Movement coin in the World. This is the Endgame. The only coin with a clear mission: Flip the Stock Market. **Highest Memetic Ceiling: Trillions.** **Stop Trading and Believe in Something.** 🖼️ 🧲
	GigaChad $GIGA (Solana)	$15 Million	$488 Million	$50 Billion	#1 Masculinity coin in the World. The BIG One. 🗿 A highly spiritually empowering and motivating meme. **People will buy what they like at the Emotional level.** This coin inspires me, as it does millions of others.
	Mog Coin $MOG (Ethereum)	$320 Million	$714 Million	$32 Billion	#1 Culture coin in the World. One of Top 5 Cults. 🐱😎 Normie-friendly which is underappreciated by edgelords, and lends itself well to Social Media signaling. **This coin Mogs all other coins. Pre-pump $SHIB vibes.**
	Apu Apustaja $APU (Ethereum)	$140 Million	$268 Million	$30 Billion	#1 most used Frog Meme on Crypto Twitter. *Ridiculously* strong cult community. One of top 5 Cults. **People will buy what they like at the Emotional level.** Intense but gentle Warmth, Coziness and Friendship.
	Popcat $POPCAT (Solana)	$160 Million	$1.48 Billion	$25 Billion	#1 Cat coin in the World. Nothing can possibly stop the cat from Popping. **The most obvious upcoming repricing in crypto.**
	HarryPotterObamaSonic10Inu $BITCOIN (Ethereum)	$85 Million	$278 Million	$20 Billion	#1 Schizo coin in the World. One of Top 5 Cults. Absolutely iconic. Imagine missing Bitcoin twice. The Quintessential Shitcoin of Shitcoins. **All you have to do is Retain.** 🟧 🟧 🟧
	Retardio $RETARDIO (Solana)	$19 Million	$138 Million	$19 Billion	#1 Clown-world / Anti-PC / Anti-woke coin in the World. #1 Funniest coin on Solana. Hardcore cult community. *Tip: buy coins that become *funnier* the higher they go.* **The only coin on Solana that's *actually* funny.** 🤡🤪
	Lock In $LOCKIN (Solana)	$10 Million	$57 Million	$3 Billion	#1 Success coin in the World. #1 Phrase coin in the World. I enjoy seeing this ticker in my portfolio every day. **It literally tells you how to succeed.** 🔒
	Mini $MINI (Solana)	$5 Million	$57 Million	$2 Billion	My small-cap pick <$10m. Cats are in focus this Cycle. Smaller Cat Coin, but with a super attractive Price-to-Religiosity. **Huge amounts of existing Media + Merchandise, Cuteness and Versatility. Banana Zone.**
	American Coin $USA (Solana)	$25 Million	$38 Million	$1.776 Billion	#1 Country coin in the World. Bipartisan. Don't need to like either party to buy. A ton of attentional catalysts ahead (7/4, Oly, Elections) **Wealthiest economy, wealthiest crypto holders.**

2024년 8월 기준 무라드가 보유한 밈코인 리스트. 엑스를 통해 직접 자신의 지갑에 들어 있는 코인을 공개했으며 전체 코인 공급량 대비 얼마나 보유하고 있는지도 밝히고 있다.

출처: @MustStopMurad 엑스 계정

〈Token2049〉 행사에서 무라드는 '밈코인 슈퍼사이클'이라는 발표를 맡으며 주목을 받았다. 여기서 그는 밈코인에 투자할 때 다음과 같은 요소를 고려해야 한다고 언급했다.[*]

▶ 커뮤니티와 참여도

- 밈코인은 강력한 커뮤니티가 성공의 핵심이다. 열성적이고 적극적인 커뮤니티가 형성될수록 지속적인 가격 상승 가능성이 크다.
- 커뮤니티 구성원이 자발적으로 홍보와 활동을 이어갈 수 있는 열정적인 분위기를 가진 프로젝트가 유리하다.

▶ 기회와 유망성

- 밈코인은 '가난한 사람들이 부자가 될 수 있는' 기회를 제공해야 커뮤니티의 충성도가 높아진다.
- 저가에 진입해 큰 수익을 기대할 수 있는 잠재력을 가진 밈코인이 주목할 만하다.

▶ 투자사 및 개발팀 분배가 없는 밈코인: 공정성

- 높은 비율의 토큰을 소수 내부자나 벤처캐피털(VC) 등이 보유한 경우 유동성 문제와 과도한 매도로 인해 가격 변동성이 커질 수 있다.

---

[*] 블록미디어, 〈2025년 밈코인 폭발적 상승, 무라드, '슈퍼사이클' 온다 – 5대 밈코인 투자 원칙〉, 2024년 10월 27일

- 공정한 토큰 분배 구조를 통해 초기 투자자와 소매 투자자 모두 공평한 기회를 제공하는 밈코인이 안정적이다.

▶ 신생 밈코인: 성장 잠재력과 시장 내 유동성
- 새로운 밈코인은 보다 유동적인 가격 발견 과정을 통해 가치가 형성되므로, 시장에서의 상승 잠재력이 클 수 있다.
- 기존의 오래된 밈코인보다 새로운 밈코인이 더욱 강력한 투자 기회를 제공할 가능성이 크다.

▶ 사회적 이슈와 스토리텔링
- 밈코인은 단순한 토큰 이상으로, 스토리와 정체성을 통해 투자자와의 감정적 연결을 구축한다.
- 사람들에게 흥미롭고 강력한 서사를 제공하는 밈코인이 더 많은 투자자와 주목을 끌 가능성이 크다.

사실 무라드가 주목을 받은 것은 강연 내용보다는 그가 보유하고 있는 밈코인 리스트 때문이다. 그는 자신이 보유한 밈코인이 무엇인지 엑스를 통해 주기적으로 공개하고 있다. 아직 대중적으로 알려진 코인은 아니지만, 암호화폐 업계 인플루언서인 그가 비트코인 대신 선택한 코인들이기 때문에 투자자들은 그를 따라서 코인을 매수하거나 이 코인들의 귀추를 주목하고 있다.

플로키의 탄생과 성장, 거듭남

일론 머스크의 영향을 받은 밈코인은 도지코인에만 국한되지 않는다. 그가 밈코인 투자 트렌드를 만들었다고 해도 과언이 아니기에 다른 밈코인 역시 직간접적으로 일론 머스크의 영향을 받았다. 그중 하나는 플로키라는 코인이다. 이 코인의 이름은 일론 머스크가 키우는 시바견의 이름에서 왔다.

2021년 일론 머스크는 트위터에서 직접 플로키를 언급했고, 이후 플로키의 이름을 따서 만든 밈코인은 100여 종이나 등장했다. 플로키 역시 비슷한 시기에 만들어졌다. 일론 머스크는 자체적으로 운영하는 P2E 게임인 〈발할라(Valhalla)〉를 비롯해 플로키를 이용하는 디파이 서비스 플로키파이(FlokiFi), 블록체인 교육 서비스인 플로키 대학(Floki University), NFT를 거래할 수 있는 플로키 플레이스(FlokiPlaces) 등 플로키를 바탕으로 한 다양한 코인 사용 생태계를 만들겠다는 계획을 내세웠다. 밈코인으로 시작했지만 유틸리티를 만들어내겠다는 포부를 알린 것이다.

일론 머스크는 모든 거래에 대해 3%의 수수료(플로키에서는 세금이라고 표현하고 있다)를 자동으로 부과하는 토크노믹스도 만들었는데, 이를 통해 벌어들인 수익은 플로키 운영 자금이나 코인을 바이백(자사주 매입, 즉 회사가 보유한 현금으로 주식시장에서 거래되는 자사

일론 머스크가 처음 플로키를 소개한 트윗(왼쪽)과 플로키코인의 로고(오른쪽)   출처: 엑스

주식을 다시 사들이는 것)하는 용도로 사용된다. 투자자 입장에서는 수수료를 내는 게 불만일 수도 있지만, 시세 방어 목적이라고 생각하기 때문에 반발이 없는 편이다.

플로키 공식 홈페이지에 들어가 살펴보면 그 어떤 밈코인보다도 로드맵이나 업데이트 사항을 상세하고 친절하게 설명하고 있다는 것을 알 수 있다. 잘 짜인 토크노믹스를 바탕으로 플로키는 단순한 밈코인에 머물지 않고 유틸리티 코인으로 거듭나기 위한 지속적인 개발을 시행 중이다. 거기에 일론 머스크의 영향까지 합쳐져 현재 플로키는 시가총액 50위권에 이름을 올렸다. 일론 머스크가 자신의 반려견 사진을 올릴 때마다 플로키의 시세도 급등한다. 플로키의 이름을 따서 만든 밈코인은 수도 없이 많았지만 지금 시가총액

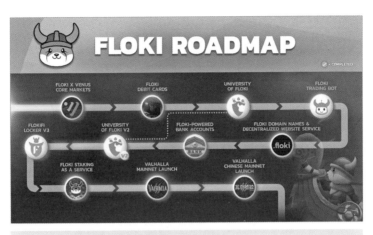

플로키가 앞으로 개발할 다양한 서비스를 소개한 로드맵　　　　출처: 플로키 홈페이지

100위권 내에서 찾아볼 수 있는 것은 플로키가 유일하다.

　엑스에서 활동하는 인플루언서가 일론 머스크만 있는 것은 아니다. 이더리움 창시자인 비탈릭 부테린과 바이낸스 창업자인 자오창펑(Zhao Changpeng) 역시 투자자들이 열광하는 인물이고, 암호화폐인 테라와 루나를 만든 권도형 테라폼랩스 대표 역시 인플루언서였다. 권도형 대표는 다른 인플루언서보다 좀 더 까칠하면서도 자신만만한 모습을 보여왔는데, 루나 홀더들은 이러한 모습에 더 열광하며 본인들을 루나틱(Lunatic)이라고 부르기도 했다. 그는 자신의 딸 이름을 '루나'로 지었다는 소식을 트위터에 공유하는 등 커뮤니티에 적극적으로 불을 지폈고 그 덕에 루나의 가격은 빠르게 상승했다.

그러나 2022년 테라-루나 사태*가 발생하면서 코인 시장 전반에 큰 상흔을 남겼고 루나와 테라 역시 사라졌다. 하지만 이는 인플루언서와 커뮤니티의 동조가 코인 생태계 확장에 지대한 영향을 준다는 것을 확인할 수 있는 사례였다.

디스코드와 텔레그램을 통한 결집

엑스가 갖는 영향력이 크기는 하지만, 디스코드와 텔레그램 역시 중요한 소통 수단이다. 이곳에서 인플루언서 및 일부 오피니언리더들의 영향력이 강하다면, 디스코드나 텔레그램은 실제 투자자들 사이에서 소통과 친목이 본격적으로 이루어지기 때문에 코인에 대한 충성도를 높여 오랫동안 매도하지 않게 만드는 원동력이 된다.

또한 디스코드와 텔레그램에서는 코인 발행 프로젝트의 팀원과도 직접 대화를 나눌 수가 있어 프로젝트 개발 현황이나 업데이트

• 2022년 5월경, 개발자 권도형과 신현성이 설립한 테라폼랩스에서 발행한 암호화폐 테라 USD(UST)와 그 가치를 유지하기 위한 자매 코인인 루나(LUNA)가 대폭락한 사건이다. 당시 루나는 전체 암호화폐 중 시가총액 5위 이내에 해당하는 메이저 코인이었으며 개당 가격이 10만 원에 달했다. 그러나 순식간에 코인의 시세가 개당 1원도 되지 않는 수준인 -99.99999%까지 극단적으로 하락하며 붕괴됐다.

페페코인의 공식 디스코드 화면　　　　　　　　　　　　　　　　출처: 디스코드

사항, 향후 계획 등에 대해 궁금한 점이 있다면 언제든 질문을 할 수 있다. 엑스에서는 인플루언서와 일반 팔로어의 관계가 수직적이지만, 디스코드나 텔레그램은 채팅방의 성격이 강하기 때문에 좀 더 수평적으로 대화할 수 있다. 디스코드는 적극적으로 활동할수록 레벨이 높아지며, 높은 레벨의 사용자만 입장할 수 있는 게시판이 따로 있기도 하다. 더 높은 레벨의 채팅방은 다른 사용자들에게 더 열심히 활동할 수 있도록 유도하는 장치이기도 하다.

저렴한 가격에 코인을 사거나 이벤트를 통해 에어드롭(특정한 코인을 보유하고 있거나 자격을 갖춘 사용자에게 무료로 NFT나 신규 코인을 나누어주는 것)을 받을 때도 디스코드나 텔레그램에 참여해야 하는 경우가 있기 때문에 동향을 꾸준히 관찰해야 한다. 일반적으로는

이벤트를 소개하는 채팅방을 따로 만들어두고 그곳에서 행사 소식을 전하기도 한다.

운이 좋으면 성장 가능성이 높은 밈코인을 초기에 찾아 낮은 가격에 매수할 수 있다. 다만 도지코인이나 페페 등 주요 밈코인의 트위터 팔로어 수가 수백만에 육박하는 데 비해 디스코드 참여자는 1만 명에서 3만 명 수준이다. 시가총액이 낮거나 신생 코인의 경우에는 이보다도 적다. 이 때문에 엑스보다 재미는 덜할 수 있다.

보유하고 있는 밈코인의 공식 디스코드나 텔레그램이 아니더라

제이컵의 크립토 플랜. 디스코드 채널에 입장한 후 커뮤니티를 통해 관심 있는 분야를 고르면 된다.

출처: 디스코드

다음과 같이 디스코드 채널 입장이 완료됐다. 이제 본인인증 등 간단한 절차를 마치고 커뮤니티를 살펴보면서 전 세계 이용자들과 소통하고, 필요한 정보를 얻으면 된다.

출처: 디스코드

도 일부 인플루언서가 운영하는 개인 채널 역시 소통과 정보 공유를 위한 커뮤니티가 되기도 한다. 예를 들어, 코인 유튜버인 제이컵 버리(Jacob Bury)가 운영하는 디스코드 채널인 제이컵의 크립토 플랜(Jacob's Crypto Clan)의 경우 2만 5,000명 이상이 가입되어 있다. 이 채널에서는 코인 시장 전반에 대한 뉴스와 분석을 제공할 뿐만 아니라 프리세일 예정인 새로운 프로젝트 소개, 코인 무료 증정 이벤트 정보를 공유할 수 있는 게시판도 운영하고 있다. 구체적인 정보가 궁금한 사람은 디스코드에 접속해, 본인에게 필요한 정보가 무엇인지 살핀 후 가입하면 된다. 이외에도 여러 디스코드와 텔레그램 채널이 있는데, 엑스에서 유명한 인플루언서는 본인만의 채널을 보유하고 있는 경우가 많다. 이들의 엑스 계정에 들어가면 자기소개란에 관련 링크를 게재해두기 때문에 이를 클릭해 들어가면 된다.

성공하는 밈코인의 공식

성공한 밈의 공통점을 분석할 수는 있지만, 어떤 밈이 성공할지는 예견하기 어렵다. 밈코인도 마찬가지다. 그러나 얼마 안 되는 기간 동안 수많은 밈코인이 생겼다가 사라졌고, 그중 일부는 성공했다. 이제까지의 데이터를 해석해 밈코인 성공 공식을 분석한 글이 여럿 있다. 그 내용을 요약해보자면 다음과 같다.

- 소셜미디어를 중심으로 한 활발한 커뮤니티와 충성도 높은 투자자 확보
- 영향력 있는 인플루언서의 밈코인 홍보
- 고래 투자자들이 한꺼번에 많은 코인을 매수
- 유명세를 치르기 시작하며 탈중앙화 거래소에서의 거래가 늘고 투자자가 급격히 증가
- 중앙화 거래소에 상장되는 코인

단 몇 줄로 정리하니 매우 쉬워 보이지만, 첫 번째 언급한 '활발한 커뮤니티'라는 것은 인위적으로 만들기 매우 힘든 조건이다. 코인을 제외하고서라도 온라인과 오프라인에서 새로운 서비스가 출시된다고 한들 기존에 잘 운영되어온 서비스와 경쟁해 살아남기란 어렵다.

코인도 마찬가지다. 만약 프로젝트 운영진들이 여러 이벤트와 소통을 통해 겨우겨우 커뮤니티를 만들어놨다고 해도 시세가 떨어지면 투자자들의 관심은 급속도로 식는다. 실제 사용처가 적은, 즉 유틸리티가 없는 밈코인은 이와 같은 사이클을 더 빠르게 겪는다. 게임파이 데이터 사이트인 체인플레이(Chainplay)가 내놓은

체인플레이는 〈2024년 밈코인 현황 보고서〉를 발표하고, 엑스에 그 내용을 요약해 게시했다. 보고서에 따르면 2024년 이후 97%에 달하는 밈코인이 사라졌으며 평균 수명은 1년에 불과했다. 그리고 투자자 3명 중 1명이 사기로 인해 돈을 잃었다.

출처: 체인플레이 홈페이지(chainplay.gg)

〈2024년 밈코인 현황 보고서〉에 따르면 일반적인 코인의 수명은 3년인데 비해 밈코인은 1년에 불과하다고 언급했다.

밈코인의 경우 장난으로, 재미로 만들었다는 이미지가 강하기 때문에 시세 급등을 노리는 투자자라 하더라도 항상 불안함을 가지고 있다. 따라서 수요가 끊기기 쉽고, 가격 하락에는 더 취약하다. 상승에 대한 기대감이 사라진 후에는 시장에서 빠르게 잊힌다. 기술이나 기반 없이도 쉽게 만들 수 있다는 게 장점이지만 커뮤니티라는 지지층을 만들어내지 못하면 쉽게 사라지기도 한다.

반대로 모든 단계를 안정적으로 밟고 바이낸스나 업비트와 같은 대형 중앙화 거래소에 상장하게 된다면 사업 로드맵을 충실히 지키지 않았다 하더라도 투자자들에게 엑시트(Exit, 투자 후 출구전략이라는 의미로 자금을 회수할 수 있는 기회)를 마련했기 때문에 성공한 프로젝트로 여겨진다.

중앙화 거래소 상장에 성공하는 것이 성공 여부를 결정짓는 가장 큰 요소인 이유는 상장 전후 코인의 위치가 크게 달라지기 때문이다. 도지코인과 페페, 시바이누 외에 국내 투자자들의 주목을 받는 밈코인 중 하나인 '캣인어독스월드($MEW)'를 살펴보자.

이 코인은 2024년 3월, 솔라나 기반으로 발행된 토큰으로 개들이 점령한 세상에서 모두를 구하겠다는 목표를 가진 고양이(MEW) 이야기를 배경으로 한다. 여느 밈코인과 마찬가지로 딱히 사용처도 없고, 모티프 이미지가 고양이라는 것 외에는 다른 밈코인들과 차별점도 없다. 전체 코인 중에서도 시가총액 기준 100위권 내에 들지 않았기 때문에 대중적인 관심도가 높은 코인은 아니었다.

이 코인의 위상이 이전과 달라진 것은 2024년 6월 국내 거래소인 빗썸에 상장하면서부터다. 발행 직후에는 탈중앙화 거래소에서만 거래되던 캣인어독스월드는 11원까지 반짝 상승했다가 5월에는 하락을 거듭해 4원대에 거래됐다. 그러나 빗썸 상장 후 다시 상승하기 시작해 최고 12원에 거래되는 등 신고가를 경신했다. 2024년 8월 기준 토큰을 보유하고 있는 지갑의 수는 약 18만 개, 엑스 팔로어 수는 약 11만 명, 텔레그램 채널 참가자는 약 1만 8,000명

캣인어독스월드 엑스 계정 이미지   출처: 엑스

을 달성하는 등 생태계 자체가 확장되는 효과도 있었다. 같은 해 9월에는 업비트의 비트코인(BTC) 마켓과 테더(USDT) 마켓에도 상장했고 10월에는 원화 마켓에 상장하는 데 성공했다.

이처럼 중앙화 거래소에서의 성공적인 상장은 디젠이라고 불리는 투자자들 사이에서만 알음알음 입소문을 타던 코인이 대중적인 인지도를 갖출 수 있는 계기를 마련했다. 장난으로 시작했지만, 장

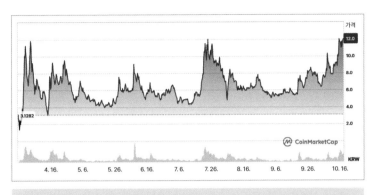

캣인어독스월드의 시세 차트. 발행 후 잠깐 상승했다가 곧바로 하락했지만 빗썸 상장 후 다시 상승하고, 9월부터는 비트코인의 시세 상승에 힘입어 신고가를 경신한 것을 볼 수 있다.

출처: 코인마켓캡

난 이상으로 평가되는 중요한 전환점은 중앙화 거래소 상장 시점이다. 쟁글에 따르면 캣인어독스월드 전체 거래량 중 30%는 빗썸에서 발생하고 있을 정도로 빗썸이 미치는 영향력은 크다.

이처럼 중앙화 거래소에 상장할 경우 눈에 띄는 점이 또 있다. 다른 알트코인과 마찬가지로 비트코인과 커플링(coupling)된다는 점이다. 커플링이란 금융 시장에서 자주 사용되는 용어로, 두 자산 간의 가격 변동이 서로 유사하게 움직이는 현상을 말한다. 반대로 서로 다르게 움직이는 현상을 디커플링(decoupling)이라고 한다.

밈코인은 말썽꾸러기 같은 코인이기 때문에 일반적으로 비트코인과는 상관없이 움직이는 모습을 보여왔다. 하락장이라고 해도 도지코인은 아무 이유 없이 오르기도 하고, 상승장에서는 반대로 홀

로 하락하는 모습을 보여주며 투자자들을 쥐락펴락했다. 그런데 밈
코인이 당당히 메이저 코인으로 자리를 잡은 상황이기 때문에 이
제는 중앙화 거래소에 상장된 밈코인은 다른 알트코인처럼 비트코
인과 커플링되어 상승과 하락을 따라가는 경향을 보인다.

이처럼 밈코인은 독자적인 투자처로서의 매력은 떨어졌지만 수
많은 투자자에게는 오히려 예측 가능한 범주에서 투자를 결정할
수 있게 됐다고 볼 수 있다. 실제로 캣인어독스월드는 대중적인 인
지도가 높아지면서 투자자도 늘어 2024년 10월 기준으로 전체 암
호화폐 중 시가총액 90위권 내에 드는 밈코인이 됐다.

2부

도지코인이 쏘아 올린
밈코인

도지코인의 위대한 탄생

DOGE: The Origin

비트코인도 어느 정도 밈의 요소를 갖고 있다고 설명했지만, 역시 밈코인의 상징이자 대장은 도지코인이다. 2021년, 밈코인 트렌드가 시작될 때는 도지코인이 이 세계를 홀로 이끌었다고 해도 과언이 아니었다. 당시 코인에 대해 아무 관심이 없고, 투자하지 않는 사람을 붙잡고 어떤 코인을 아는지 물어본다면 아마도 비트코인, 이더리움을 말할 가능성이 높았다. 그다음 언급되는 코인으로는 리플이나 도지코인이었다. 그만큼 도지코인의 존재감은 엄청났다. 2024년 9월 기준으로 도지코인의 시가총액은 21조에 달하며 전체 시가총액 기준으로 하면 6위에 해당하는 대형 메이저 코인이다.

비트코인 BTC	₩ 78,800,197.54	-0.03%	-0.26%	+2.41%	1,522.16조	3,551.35억
이더리움 ETH	₩ 3,008,127.85	+0.0011%	+0.33%	-2.38%	364.78조	519.63억
비앤비 BNB	₩ 724,500.00	+0.14%	-1.90%	+3.35%	103.35조	1.45억
솔라나 SOL	₩ 178,043.30	-0.17%	+1.31%	-1.83%	81.51조	496.65억
리플 XRP	₩ 789.97	-0.19%	+2.87%	+8.70%	43.62조	1,074.89억
도지코인 DOGE	₩ 135.41	-0.14%	-1.12%	-3.23%	19.31조	213.13억
톤코인 TON	₩ 7,415.00	+0.50%	-0.40%	+5.40%	18.33조	75.23백만
트론 TRX	₩ 201.20	-0.09%	+0.55%	-2.79%	17.1조	57.78억

전체 코인 중 시가총액 기준 6위인 도지코인　　　　　　출처: 쟁글

　도지코인이 성공한 프로젝트라는 점에 대해서는 누구도 이의를 제기하기 어려울 것이다. 그렇다면 이 코인은 어디서 기원한 것일까? 도지코인의 심볼 이미지인 강아지는 2010년 무렵 일본의 한 유치원 교사가 키우는 반려견 카보스의 사진에서 비롯됐다. 온라인에서 영문 스펠링 'Shiba dog'을 일부러 어설픈 느낌으로 바꾸어 시베도지(Shibe doge)라고 쓴 것에서 도지코인이 시작됐다. 이 단어는 한국인들이 강아지를 귀엽게 부를 때 '멍멍이', 혹은 이 단어를 변형해서 '댕댕이'라고 부르는 것과 비슷하다고 이해하면 된다.

　도지코인이 발행된 시기는 '도지 밈'이 본격적으로 돌던 무렵인 2013년 12월이었다. 미국 IBM에서 소프트웨어 개발자로 일하던 빌리 마커스(Billy Markus)는 코인 시장의 투기 현상을 풍자하면서도 재미있는 코인을 만들어보고 싶다는 생각에 도지코인을 만들었다. 재미로 만든 코인인 만큼 도지코인 발행 후 수년간 제대로 된 프로

젝트 업데이트가 이루어지지 않았다.

　빌리 마커스는 도지코인 아이디어를 낸 후 인터넷에 개발 계획을 올렸는데, 어도비에서 근무하던 마케팅 전문가 잭슨 팔머(Jackson Palmer)가 이 글을 읽은 뒤 합류하면서 도지코인 프로젝트가 급물살을 타게 됐다. 두 사람은 "비트코인이 거래되는 현상을 풍자하고 즐기기 위해 도지코인을 발행했다. 도지코인의 목적을 굳이 얘기하자면 사람들에게 강렬한 인상을 남겨 비트코인보다 더욱 인지도 있는 코인이 되는 것"이라는 농담 반, 진담 반인 계획을 이야기하기도 했다.

　2014년에 도지코인 재단이 만들어지긴 했지만, 당시에는 장난으로 만든 코인이었기 때문에 재단이 체계적으로 운영된 것도, 제대로 된 사업 계획이 있는 것도 아니었다. 도지코인은 발행 후 주로 '레딧(Reddit) 팁 봇'이라는 곳에서 사용됐다. 즉, 온라인 커뮤니티 레딧에서 유용한 정보를 공유한 사용자에게 보상을 지불할 때 사용된 것이다. 도지코인이 비트코인보다 전송 속도도 빠르면서 수수료는 저렴했기 때문에 가능한 일이었다.

　그러나 이 시기에도 도지코인은 딱히 큰 주목은 받지 못했다. 이대로 도지코인 역시 수많은 다른 코인처럼 역사 속으로 사라져가는 것처럼 보였다.

ICO 열풍으로 다시 주목받다

잠자던 도지코인을 깨운 것은 2017년의 코인 투자 열풍이었다. 당시 대부분의 코인 가격이 상승했다. 코인 열풍에 힘입어 도지코인도 상승세를 보였다. 시장의 관심이 코인거래소에 상장된 코인에만 향한 게 아니었다. 투자자들은 대형 거래소에 상장될 다음 코인을 찾아 초기 투자로 눈을 돌렸다. 바로 ICO(Initial Coin Offering)다.

ICO는 코인을 바탕으로 서비스를 만들려는 회사가 할 수 있는 일종의 자금 조달 방법이다. 서비스 개발 전에 코인을 먼저 발행해 판매하는데, 어떤 사업을 할 것이며 실제 경제에 사용할 수 있는 토크노믹스는 어떤 구조로 만들어졌는지 등을 선보이는 사업계획서, 즉 백서를 통해 설명한다. 투자자들은 백서를 읽고 프로젝트를 이끄는 팀원들의 이력 등을 살핀 후 최종 투자를 결정한다.

ICO는 보통 두 단계로 나뉘어 진행된다. 투자사들을 중심으로 먼저 코인을 판매하는 프라이빗 세일(private sale)과 일반인에게 판매하는 퍼블릭 세일(public sale)이다. 프라이빗 세일에 일반인이 참여하기는 어렵지만 퍼블릭 세일은 외부 행사, 인터넷 매체나 팝업 광고 등을 통한 홍보 등 다양한 채널을 통해 정보를 얻고 참여할 수 있다.

프라이빗 세일과 퍼블릭 세일의 가장 큰 차이점은 판매가격이

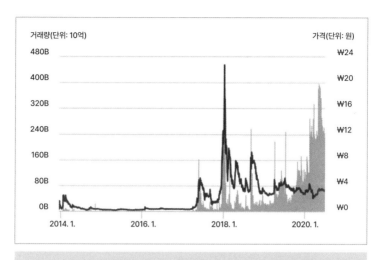

거래량(단위: 10억)

480B

400B

320B

240B

160B

80B

0B

가격(단위: 원)

₩24

₩20

₩16

₩12

₩8

₩4

₩0

2014. 1.　　　2016. 1.　　　2018. 1.　　　2020. 1.

도지코인 발행 당시부터 2020년까지의 시세 차트를 보면 2017년에서 2018년 사이 코인 투자 열풍이 불었던 시기에 코인 시세가 급등했음을 알 수 있다. 이때는 많은 이들이 다시 오지 않을 가격이라고 생각했지만, 현재 도지코인은 140원대(0.1달러)로 당시의 최고가인 24원을 한참 넘어섰다. 오히려 이 당시 기술을 강조하며 시장을 주도했던 이오스, 에이다, 퀀텀 등의 코인은 현재 시가총액 50위권 내에서도 볼 수 없는 코인이 되어버렸다.　　출처: 쟁글

다. 만약 프라이빗 세일 때 가격이 1원이라면 퍼블릭 세일에서는 5원이 매겨진다. 그러나 거래소에 상장할 경우 10원 이상의 가격에 거래가 될 가능성이 높기 때문에 높은 수익을 기대할 수 있다. 그러나 이는 코인이 거래소에 상장이 됐을 때의 이야기다. 대부분의 코인은 상장되지 못하고 투자자들의 돈만 가로채 잠적하거나, 처음에는 제대로 사업을 이어가다가도 투자금이 바닥나면 매출이 발생하지 않아 사업을 접기 일쑤였다.

그럼에도 투자자들이 ICO 시장에 모여든 이유는 100개의 퍼블릭 세일에 도전해 한 개의 코인에서만 수익을 내도 다른 투자에서 손해 본 금액을 쉽게 복구할 수 있다는 믿음 때문이었다. 2013년 코인 투기를 풍자하며 발행된 도지코인이 ICO 열풍 속에 다시 주목받은 이유다. 불과 4년 만에 또 다시 같은 상황이 반복됐고, 오히려 더 심화됐다. 아이러니하게도 ICO 열풍 덕에 도지코인의 인기가 높아지며 시세가 폭등했다. 다만 일부 투자자들이 도지코인의 특수성에 관심을 가졌을 뿐이지, 밈코인에 대한 주목도는 여전히 낮았다.

차트를 보면 투자 열풍이 꺼지면서 도지코인의 시세도 급격히 하락한 것을 볼 수 있다. 2018년 하반기부터 2020년까지는 '크립토 겨울'이라고 불리는 시장 침체기였다. 이때 대다수 코인이 자취를 감췄지만, 도지코인은 이상할 정도로 오랫동안 살아남았다. 비트코인이나 이더리움과 달리 시장의 호재 혹은 악재와 상관없이 시세가 변동한다는 점도 투자자들의 관심을 불러 모은 이유 중 하나였다.

밈코인 시장의 빅스타, 일론 머스크

도지코인이 새로운 국면을 맞이한 것은 일론 머스크가 트위터에

'도지'라는 단어 한 마디를 남긴 2020년 12월부터였다. 이후 그가 도지코인을 언급할 때마다 코인 가격은 급등했다. 물론 도지코인의 가격이 상승하기만 했던 것은 아니다. 그는 2021년 5월 미국 NBC 프로그램인 〈SNL〉에 출연해서 "도지코인은 사기"라고 농담을 던졌으나, 이 발언 때문에 실제 도지코인 시장이 폭락하기도 했다.

일론 머스크는 스스로를 '도지 파더'라고 칭할 만큼 도지코인에 엄청난 애정을 보여주고 있다. 사실상 도지의 시세는 그가 대부분 끌어올렸다고 해도 과언이 아니다. 하지만 시장의 기대와 어긋나는 이야기를 하거나 테슬라의 주가가 하락하면 도지코인도 힘없이 폭락하기도 한다. 도지코인 홀더들에게 일론 머스크는 어쩌면 든든한 지지자이면서도, 어쩐지 내심 불안함을 갖게 하는 존재이기도 하다.

일론 머스크가 지금까지 보여준 행보는 도지코인의 시세 상승뿐만 아니라 사용처인 유틸리티 확보, 커뮤니티 활성화까지 불러오면서 보다 견고한 지지층을 만들어냈다. 2022년 일론 머스크는 트위터를 인수해 직접 CEO 자리에 올랐는데, 인수설이 돌던 그해 4월부터 도지코인의 가격은 점차 오르더니 인수가 마무리된 10월에는 한 달 동안에만 2배가 올랐다.

코인 투자자라면 한때 유행하던 밈, '화성 갈 끄니까'라는 말을 본 적이 한 번쯤 있을 것이다. 개그 프로그램이었던 〈웃찾사〉 출신

일론 머스크의 트윗과 도지코인의 시세 등락 시기를 비교한 차트
출처: 〈밈코인(Meme Coin)의 니즈는 어디에서 오는가?(feat. PEPE)〉

의 개그맨들이 테슬라와 도지코인의 시세 차트가 급등할 때마다 일론 머스크의 사진과 함께 '화성 갈 끄니까'라는 목소리를 더빙해 영상을 올리면서 이 밈이 유행하기 시작했다. 여기에도 도지코인은 큰 역할을 했다. 이런 밈은 왜 만들어진 걸까?

일론 머스크는 2016년 화성에 사람이 거주 가능한 도시를 건설해 인류가 화성으로 이주할 수 있도록 한다는 식민지화 계획을 발표했다. 그는 최종적으로 2050년에는 100만 명을 화성에 이주시킨다는 계획을 선보였다. 이러한 일론 머스크의 꿈은 이때까지만 해도 황당무계한 망상으로 치부됐다. 그런데 그가 2002년 설립한 스페이스X가 20년 넘게 우주항공 분야를 연구하고, 두 차례의 실패 끝에 인류 최대 로켓 우주선인 스타십(Starship)을 우주 진입에 성공시켰다. 4차 발사에서는 지구 귀환을 마쳤고, 5차 발사에서는 1단계 추진체(부스터)를 발사한 자리로 되돌아오게 하는 데까지 성공했다. 인류의 우주여행이 한 발짝 가까워진데다 비용까지 획기적으로 줄어든 셈이다.

일론 머스크는 향후 스타십으로 우주여행을 할 수 있게 된다면 도지코인으로 우주선 입장권을 결제할 수 있도록 하겠다는 계획을 내비쳤다. 아무 쓸모가 없었던 밈코인이 순식간에 우주여행 티켓 결제 수단으로 신분 상승을 한 것이다. 이 때문에 스타십의 시험 발사 결과가 도지코인의 시세에도 영향을 주었다. 또한 투자자들의 기대감을 반영해 시바견과 화성을 합성한 사진이 또 다른 밈으로 2차 창작돼 유행했다.

일론 머스크는 사토시 나카모토를 제외하면 코인 시장 최고의 스타이자 인플루언서라고 불릴 만하다. 그는 도지코인만이 아니라 밈코인 시장 전체가 확장하는 데 큰 영향을 미쳤다. 그는 도지코인을 시바이누, 베이비도지, 플로키, 플로키 프렁크퍼피, 베이비 샤크 등으로 다양하게 언급했는데, 그가 관련 트윗을 쓸 때마다 해당 이름을 가진 밈코인들이 순식간에 만들어졌다. 그중에는 시바이누도 포함돼 있다. 시바이누에 대해서는 뒤에서 좀 더 자세히 다룰 예정이다.

5장뿐인 백서엔 무슨 내용이 담겼을까

일론 머스크가 이처럼 도지코인에 애정을 표하는 이유는 왜일까. 도지코인의 백서에 관심이 가지 않을 수 없다. 도지코인에 일반인은 잘 모르는 비밀이라도 숨겨져 있는 것일까.

아쉽게도 도지코인 백서는 너무나 오래전에 만들어져 현재 도지코인의 사업 방향과는 거리가 먼 데다, 전체 내용도 5장밖에 되지 않기 때문에 시간을 들여 검토해야 할 정도로 내용이 풍부하지는 않다. 도지코인 홀더들도 굳이 백서에 대해 이야기를 꺼내지 않는 이유다.

그러나 주목할 만한 부분이 몇 가지 있다. 바로 도지코인의 발행량이다. 백서에 따르면 도지코인은 1분당 1개의 블록을 생성하는데, 1개의 블록이 생성될 때마다 1만 개의 도지코인이 보상으로 주어진다.

그러나 총 발행량이 고정되어 있지 않아 무한하게 발행할 수 있다 하더라도, 채굴량은 매년 50억 개로 고정되어 있다. 도지코인 재단은 도지코인을 출시하고 약 2년이 흐른 2015년에 1,000억 번째 코인이 발행됐고 4년이 흐른 2019년도엔 그 규모가 달에 닿을 정도라며 '달 착륙 기념 페이지'를 만들기도 했다.

발행량이 무제한인데 왜 시세가 오를까

코인이 무한대로 발행될 수 있다는 사실은 투자자들에게 있어서 도지코인 투자에 대한 매력을 낮추는 가장 큰 원인이다. 장난스러운 밈코인으로서의 이미지는 어느 정도 사라지고 오히려 사용처가 많아지는 상태지만, 코인이 계속 발행되기 때문에 상승세는 언젠가 멈출 것 같은 불안함 때문이다.

그런데 도지코인의 발행 정책을 바라보는 다른 시선이 있다. 초기에는 많은 양이 발행되지만, 시간이 지날수록 신규 발행량이 고정되는 반면 총 발행량이 늘어나기 때문에 인플레이션율이 줄어든다는 논리다. 비유하자면 이렇다. 도자기 장인이 한 달에 30개의 도자기를 만들 수 있다고 가정해보자. 도자기의 가치가 시장으로부터 인정받으면서 도자기 가격은 점차 오르기 시작한다. 너도나도 도자기를 사려고 기다리고 있는데, 도자기 장인은 한 달에 30개 이상은 만들지 못한다. 시장 논리에 따르면 수요가 많을수록 공급도 늘어나야 하는데, 공급 물량이 수요를 따라가지 못하는 것이다.

일론 머스크가 도지코인을 사랑하는 근거도 비슷하다. 그는 트윗을 통해 "도지에는 인플레이션이 있는 것처럼 보이지만 의미 있는 수준은 아니며 BTC(비트코인)는 확실하게 디플레이션에 해당한다"라고 언급하기도 했다. 현재 도지코인의 인플레이션율은 3%

에서 4% 수준이다. 시장 전문가들은 도지코인의 인플레이션율이 2030년 이후부터는 2%대까지 감소하리라고 전망하고 있다. 오히려 무한하게 발행된다는 점은 도지코인이 지불 수단으로 쓰이는데 더 적합한 구조라는 긍정적인 평가도 나온다.

도지코인에 대한 충성도가 높은 이들이 희망 회로를 돌리는 것처럼 보일 수도 있지만, 실제로 도지코인은 현재까지 가장 영향력이 큰 코인 중 하나이자 가장 높은 수익을 안겨준 밈코인이 됐다. 암호화폐 데이터 분석 플랫폼인 《인투더블록(IntoTheBlock)》에 따르면 2024년 4월 비트코인이 6만 달러(약 8,200만 원) 이하로 급격한 조정을 거친 후에도 도지코인 보유자의 85%가 여전히 수익 상태인 것으로 나타났다.

정작 창시자는 믿지 않았던 도지코인

사실 도지코인 창시자들은 코인 시장 회의론자였던 것으로 보인다. 특히 잭슨 팔머는 자신의 트위터 계정을 통해 암호화폐 시장에 대한 회의론을 지속해서 주장했으며, 도지코인이 상승하기 이전에 자신이 보유했던 코인을 대부분 처분했다. 그는 일론 머스크에 대한 비판도 서슴지 않았다. 그가 2022년 호주 온라인 매체인 《크라이키(Crikey)》와 진행한 인터뷰에서 그 내용을 확인할 수 있다.

> 일론 머스크는 도지코인의 거래와 관련한 기본적인 코드 규칙
> (채굴, 거래 규정, 커넥션 등)도 취급할 줄 모르면서 도지코인을 예
> 찬하고 띄우는 사기꾼이다. 머스크가 코인에 대해 이야기하는
> 것을 보고 이 사람은 사기꾼이고, 앞으로도 코인으로 사기를 칠
> 사람이라고 생각했다.
> 그런데도 사람들은 사기꾼에 빠진 것 같다. 대중이 머스크의 코
> 인 예찬론에 빠져드는 것은 억만장자가 되겠다는 꿈 때문이고,
> 머스크는 사람들이 이런 헛된 꿈을 품도록 사기를 치고 있다. 테
> 슬라가 독자적으로 개발했다는 자율주행 기술을 과장하고 있는
> 것에서 잘 알 수 있듯이, 머스크는 뭐든지 잘 아는 것처럼 행동
> 하는 데 재능이 있다.

비판의 수위가 매우 높지만 만약 내가 아무 생각 없이 만든 제품
이 다른 누군가에 의해 세계 최고의 발명품으로 포장되며 수많은
사람에게 팔리고 있다면 화가 날 것이다. 잭슨 팔머는 본인 소셜미
디어를 통해 "암호화폐는 사기이며, 항상 그랬다"라고 글을 남기거
나 "부자들의 카르텔이 암호화폐 커뮤니티를 통제하고 경제적 약
자들의 돈을 빨아들이고 있다", "암호화폐는 본질적으로 조세 회

News / Technology

Australian Dogecoin creator Jackson Palmer on grifts, Elon Musk, crypto bubbles and Pauline Hanson

The Australian co-creator of a meme coin, now one of the world's most valuable cryptocurrencies, denounced the technology. Now, he's ready to explore the world of grifting.

CAM WILSON MAY 30, 2022 💬 7   ↪ Share

(IMAGE: PRIVATE MEDIA)

2022년 잭슨 팔머는 호주 온라인 매체인 《크라이키》와 인터뷰를 진행하며 일론 머스크와 암호화폐 시장에 대한 비판적인 입장을 전했다.　　출처: 크라이키(www.crikey.com.au)

피, 규제 감독 완화, 인위적인 희소성 등을 결합해 코인 지지자들의 부를 확대하기 위해 만든 우파적 초자본주의 기술"이라는 등 강도 높은 비판을 이어갔다.

물론 일론 머스크도 잭슨 팔머의 원색적인 비난에 대해 곧바로 대응했다. 그는 "팔머는 자신이 도지코인의 코딩을 단 한 줄도 작성한 적이 없다는 사실을 밝힌 적이 한 번도 없다"라고 주장하며 팔머가 도지코인을 실제로 개발하는 과정에 참여했는지에 대해서 의문을 제기했다.

또 다른 도지코인 개발자인 빌리 마커스도 코인 시장의 투기성에 대해 우려와 비판을 표하긴 마찬가지다. 그러나 그는 잭슨 팔머와 달리 도지코인에 대한 애정이 남아 있음을 보여주고 있다. 마커스가 보유한 엑스의 계정명은 비트코인 창시자인 '사토시 나카모토'에서 따온 '시베토시 나카모토(Shibetoshi Nakamoto)'이며 프로필에도 도지코인 이미지를 사용하고 있을 정도다. 그는 소셜미디어를 통해 다음과 같이 밝혔다.

2014년 도지코인은 팁 전용 화폐로 사용되면서 널리 확산됐다. 레딧 팁 봇은 수많은 도지코인 거래를 만들어냈다. 도지코인 커뮤니티가 그때의 문화로 되돌아가기를 바란다. '팁'은 (도지코인의) 최선의 활용 사례다.

Shibetoshi Nakamoto ✓
4.1만 게시물

Shibetoshi Nakamoto ✓
@BillyM2k

a sarcastic cartoon dog wearing glasses | billym2k.news
자기소개 번역하기

🏠 코미디언 📍 South of Hell 🔗 billym2k.net 📅 가입일: 2009년 4월

420 팔로우 중   215.5만 팔로워   14 구독

팔로우

도지코인 창시자인 빌리 마커스의 공식 계정

출처: 엑스

    빌리 마커스는 도지코인이 2014년 당시 수준에서만 사용되길 바라는 의견을 적극적으로 피력해왔다. 투기의 온상이 된 코인 시장을 꼬집기 위해 밈코인을 만들었는데 투기의 대상 그 자체가 되어버린 도지코인의 모습이 안타깝기 때문이라는 의미로 풀이된다. 레딧에서 창작자들을 지원하는 등 커뮤니티 활성화를 위해 만들었던 초기 발행 의도와는 달리 현재 도지코인은 다른 알트코인과 마

찬가지로 도박에 가까운 투기 대상으로만 받아들여지기도 한다.

그는 도지코인이 투기가 아닌 기부에 사용되길 바란다고도 말했다. 그는 "도지코인을 통해 세이브더칠드런(Save the Children), 미국 암협회(American Cancer Society) 등 수많은 자선단체에 기부할 수 있다. 도지코인을 선한 목적으로 사용할 수 있는 방법이 많이 있다"라는 내용의 트윗을 남기기도 했다.

장난에서 진심이 된 도지코인 개발자들

창시자가 떠났다고 해서 프로젝트가 멈춰 있어야 한다는 법은 없다. 블록체인의 가장 중요한 가치는 탈중앙화다. 코어 개발자가 떠났다 해도 누구든 프로젝트를 자유롭게 이어받아 업데이트할 수 있다. 도지코인이 그러한 길을 걷고 있다.

도지코인이 의미 있는 상승세를 보이자 장난으로 시작한 도지코인 개발자들도 프로젝트 개발에 진심으로 임하기 시작했다. 개발자들이 가장 먼저 시작한 일은 개점휴업 상태인 도지코인 재단을 다시 세우는 것이었다. 이사회 멤버들은 기존 재단 구성원들을 비롯해 게리 라첸스(Gary Lachance), 젠스 비셔스(Jens Wiechers), 미치 루민(Michi Lumin), 로스 니콜(Ross Nicoll), 티머시 스테빙(Timothy Stebbing) 등

도지코인의 새로운 이사회 멤버인 게리 라첸스(위)와 미치 루민(아래)의 트윗　　출처: 엑스

도지코인 개발자들인데, 이들의 소셜미디어에 들어가 보면 도지코인에 대한 이야기로 가득 차 있을 정도로 프로젝트에 대한 애정을 과시하고 있다.

이사회는 아니지만 고문 중에는 창시자인 빌리 마커스와 이더리움 창시자인 비탈릭 부테린, 그리고 재러드 버철(Jared Birchall)이라는 인물이 있다. 바로 일론 머스크의 측근이자 이식 가능한 뇌 컴퓨터 인터페이스를 개발하는 뉴럴링크(Neuralink)의 CEO, 기부단체인 머스크 재단의 이사기도 하다. 그는 도지코인 재단에서도 법률 및 재정 고문 역할을 담당하는데, 그의 이사회 참여는 곧 일론 머스크의 적극적인 프로젝트 지지를 뜻한다고도 볼 수 있다.

비탈릭 부테린의 경우 잭슨 팔머와 마찬가지로 일론 머스크의 트윗에 따라 도지코인의 시세가 급등락하는 것에 대해서는 우려를 표해왔다. 그러나 사실 그는 투자자들 사이에서도 알아주는 도지코인 마니아이며 이더리움과 도지코인의 협업을 제안하면서 직접 고문으로 나서게 됐다.

이처럼 내로라하는 인물들이 도지코인 재단의 고문이 되자 이미 잘나가던 도지코인은 더욱 추진력을 얻었다. 도지코인 재단의 목표는 그리 엄청난 것이 아니면서도 사실은 매우 대단한 것이었다. 바로 도지코인을 전통 화폐에 대한 대안적인 화폐(alternative currency to traditional fiat money)로 만드는 것이다.

도지코인 재단 웹사이트에서 찾아볼 수 있는 도지코인 트레일맵
출처: 도지코인 재단 홈페이지(foundation.dogecoin.com)

이를 위해 2021년 12월 23일, 도지코인 재단은 도지코인 발행 후 8년 만에 처음으로 자체 로드맵인 '트레일맵'을 공개했다. 트레일맵에는 공식 홈페이지 재정비, 도지코인에 관련된 질의응답을 정리한 도지피디아(Dogepedia) 구축, 개발자들이 도지코인과 관련된 제품을 개발할 수 있도록 지원하는 도지코인 라이브러리(LibDogecoin) 구축, 도지코인 표준과 관련 지갑 서비스 개발 등이 포함되었다. 더 많은 개발자들이 도지코인으로 넘어와 빠르고 쉽게 서비스를 개발할 수 있도록 돕겠다는 게 트레일맵의 골자다.

창시자인 잭슨 팔머는 도지코인을 완전히 떠났고, 빌리 마커스는 도지코인 재단 고문으로는 남아 있지만 사업에 대한 관여는 사실상 전혀 하지 않고 있다. 창시자들은 떠났지만, 블록체인이란 일단 만들고 나면 주인이라고 부를 주체가 존재하지 않는다. 더 많은 사업자와 개발자가 뛰어들어 서비스를 개발하는 게 블록체인의 성공 포인트다.

도지코인 가격 상승과 밈코인의 부흥

일론 머스크가 끌어올린 도지코인의 상승은 밈코인 시장 전반의 부흥을 가져왔다. 시장에서는 2021년부터 현재까지를 밈코인 부흥기라고 보고 있으며 분기마다 밈코인에 대한 수요는 최고치를 경신하고 있다. 코인게코가 분석한 2023년 코인 테마별 시장점유율을 살펴보면 1위가 인공지능(11.3%), 2위는 게임파이(10.5%)였으며 3위가 밈코인(8.3%)이었다.

솔라나와 BRC-20(비트코인 네트워크 기반 토큰 발행 표준)*, 실물자산, 디파이 등을 모두 제치고 밈코인이 3위에 오른 것이다. 1위인 인공지능은 코인뿐만 아니라 전체 투자자산의 최고 인기 주제인

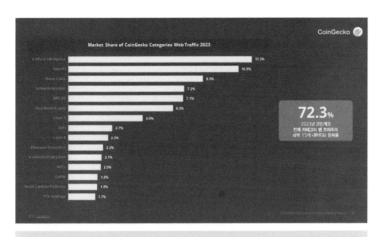

코인게코가 분석한 2023년 코인 테마별 시장점유율 그래프. 1위는 인공지능이었고 2위는 게임파이, 3위는 밈코인이었다.

출처: 코인게코

데 반해 밈코인은 코인 시장에서만 적용된다. 그러나 점유율 차이는 3% 정도에 불과하다. 무시하며 넘어가기엔 밈코인 시장이 너무 커져버렸다.

일론 머스크의 역할이 크긴 했지만, 블록체인 시장이 확대되면서 더 많은 사람이 코인 투자에 뛰어들었기 때문이기도 하다. 일단 사람들이 투자를 시작하고 나면 시장에 대한 관심도가 높아지면서 양질의 정보를 얻기 위해 엑스나 텔레그램 활동을 시작하게 된다. 처음에는 NFT 등에만 관심을 두다가 밈코인의 시세가 급등하는 것을 가까이서 지켜보며 포모 현상을 경험하기 마련이다.

이처럼 확대된 밈코인 시장의 대부분은 물론 도지코인이 차지하

* BRC-20

온체인 분석가이자 개발자인 도모(domo)가 발표한 BRC-20은 오디널스(Ordinals) 프로토콜을 활용해 만든 비트코인 블록체인용으로 설계한 대체 가능한 토큰(FT)의 표준이다. BRC-20은 암호화폐 시장에 큰 반향을 불러일으켰다. 누구나 비트코인 네트워크에서 토큰을 발행하고 전송할 수 있게 되면서 BRC-20 기반의 토큰 수는 1만 4,000개를 넘겼고 시가총액은 한때 10억 달러를 돌파하기도 했다. 이더리움의 기본 토큰 표준인 ERC-20과는 다르게 BRC-20은 스마트 컨트랙트를 지원하지 않는 비트코인 블록체인의 특성으로 인해 다른 프로토콜, 응용 프로그램과의 상호작용 및 금융 상품 등 실질적으로 사용되는 토큰의 프로그래밍이 불가능하다.

출처:《한국경제신문》

고 있지만, 도지코인의 경쟁자라는 타이틀을 내걸고 수많은 코인들이 도전장을 내놨다. 수를 셀 수도 없을 정도로 많은 코인이 발행됐지만, 시장의 주목을 받은 코인은 몇 개 되지 않는다. 물론 살아남은 코인은 의미 있는 시장 지표를 보여주고 있으며, 각자의 장점과 특징이 뚜렷하기 때문에 밈코인에 관심이 있는 사람이라면 참고할 만하다. 도지코인에 이어 주목해볼 만한 코인은 다음과 같이 살펴볼 수 있다.

도지코인의 대항마 1: 시바이누

시바이누 심볼 이미지

시바이누는 2024년 기준, 시가총액 10조 원 이상으로 전체 코인 중에서는 13위, 밈코인 중에서는 2위를 차지하고 있다. 일본계 개발자로 추정되는 료시(Ryoshi)라는 단체 또는 개인이 2020년 8월에 시바이누를 출시했는데, 발행된 지 1년도 채 되지 않아 밈코인 투자 열풍이 불면서 시세가 급등했다. 현재 도지코인의 뒤를 바짝 따라붙으면서 가장 성공한 밈코인 중 하나로 분류되고 있다.

시바이누는 도지코인 심볼에 쓰인 카보스의 견종인 시바견으로 이름과 이미지를 만들었다는 점, 이미지 자체가 엉성하고 매력도 떨어진다는 점에서 처음에는 도지코인의 아류 정도로만 여겨졌다. 그러나 시바이누의 발행 당시부터 현재까지의 행보를 살펴보면 의외로 생태계 확장을 위해 치밀한 계획을 세웠다는 것을 알 수 있다.

8	도지코인 DOGE	₩132.50	▼0.99%	▼0.24%	▼1.23%	₩19,345,265,305,313
13	시바이누 SHIB	₩0.01734	▼0.76%	▼1.04%	▼1.99%	₩10,217,197,449,618
27	Pepe PEPE	₩0.009521	▼0.80%	▼2.20%	▼0.62%	₩4,005,592,897,085

밈코인으로 순위를 매겼을 때 1위는 도지코인, 2위는 시바이누이며, 코인 전체 코인 순위로 보면 시바이누는 13위에 해당한다. 　　　　　　　　　　　　　　　　　 출처: 코인마켓캡

시바이누의 마케팅

시바이누는 이더리움 기반으로 제작된 코인으로 1,000조 개를 발행했다. 그중 절반은 탈중앙화 거래소인 유니스왑에서 유동성을 공급할 수 있도록 예치(스테이킹)했다. 이것은 상장을 위한 일종의 준비작업이라고 보면 된다. 나머지 50%는 뜬금없게도 비탈릭 부테린의 지갑에 전송했다.

이를 확인한 투자자들은 마치 시바이누가 비탈릭 부테린과 관계가 있는 게 아닐까 하고 생각하게 됐다. 비탈릭 부테린이 도지코인을 지지한다는 것은 공공연히 알려진 사실이었기 때문에 상당량의 시바이누가 그의 지갑에 흘러 들어갔다는 사실은 논란이 되기 충분했다. 일종의 노이즈 마케팅처럼 기능한 것이다. 결론부터 살펴보면, 비탈릭 부테린과 시바이누는 아무 관련이 없었다.

코인 시장에서는 이와 같은 마케팅 방법을 '소매 넣기'라고 부른

다. 시바이누의 '비탈릭 부테린 소매 넣기' 마케팅이 성공하자 이후 다른 프로젝트들도 인플루언서들의 지갑으로 소매 넣기를 하는 것이 유행처럼 번졌다. 참고로 비탈릭 부테린에게 전송된 코인 중 40%는 소각됐고, 남은 10%는 인도의 코로나19 구제 기금에 기부됐다. 약 10억 달러(당시 약 1조 1,300억 원)어치였다.

시바이누의 유틸리티

시바이누는 밈코인이라고 할 수 있을까? 이와 같은 질문을 던지는 이유는 시바이누가 밈코인이라기엔 너무나 다양한 유틸리티를 마련하고 있기 때문이다. 앞에서도 설명했듯, 유틸리티란 코인의 사용성을 말한다. 시바이누의 대표적인 유틸리티는 탈중앙화 거래소인 '시바스왑(Shiba Swap)'이다,

시바스왑에 대해 이야기하기 위해서는 디파이가 무엇인지부터 이해해야 한다. 앞에서도 언급했듯, 디파이는 블록체인의 스마트 컨트랙트 기술을 활용한 금융 서비스를 말하는데, 대표적인 사례가 탈중앙화 거래소(DEX, 덱스)다. 일단 덱스가 존재해야 다른 디파이 서비스들을 이용할 수가 있다. 바이낸스나 업비트처럼 특정 주체가 운영하는 거래소가 아니기 때문에 덱스에서는 사용자들끼리 코인을 교환(스왑)하는 형태로 거래가 이루어진다. 덱스는 그저 시스템을 제공할 뿐이다. 코인을 스테이킹하고 얻는 보상(이자라고 보아도

시바이누의 대표적인 유틸리티인 시바스왑　　出처: 시바스왑 홈페이지(shibaswap.com)

된다), 코인 차입, 코인 대출 등도 디파이의 큰 축을 차지하는 서비스들이다.

시바스왑은 덱스다. 시바이누를 발행한 지 1년이 지난 2021년 7월 이 서비스를 시작했는데 24시간 만에 총 예치금(TVL, Total Value Locked)이 10억 달러(약 1조 3,700억 원)를 돌파하는 등 시장의 큰 주목을 받았다. 당초 시바이누는 이더리움으로 개발했지만 보다 빠르고 효율적인 서비스를 위해 블록체인을 직접 개발했다. 즉, 이더리움 레이어2 블록체인인 시바리움(Shibarium)을 선보인 것이다.

2024년 시바스왑이 시바리움으로 마이그레이션(블록체인을 이전하는 방식)했다. 시바리움은 이더리움의 사이드체인이기 때문에 보안상 이더리움 네트워크의 혜택을 누릴 수 있고, 이더리움 생태계

시바이누 생태계에서 쓰이는 세 개의 토큰(시바이누 토큰, 본 토큰, 리쉬 토큰)을 소개하는 웹
사이트
출처: 시바이누 토큰 홈페이지(shibatoken.com)

와의 접목이 용이하다. 쉽게 말해, 서울에서 건물을 임대해 사업을
하던 회사가 있었는데 매출이 빠르게 늘자 사세를 확장하기 위해
서울과 가깝고 교통이 편리한 경기도에 땅을 사서 직접 사옥을 지
어 사무실을 이전했다는 뜻이다.

이렇게 되면 더 많은 사용자가 시바스왑을 사용할수록 시바리움
의 트랜잭션이 증가한다. 황무지였던 땅에 대기업 공장이 하나만
들어서도 사람들이 모여 살기 시작하면서 그 지역에 활력이 생기
는 것과 같은 구조다. 사람이 늘어나면 교통량도 늘어나듯이, 시바
리움의 트랜잭션 증가로 인해 수수료로 지불하는 시바이누가 늘어
나면 그만큼 소각되는 토큰량도 늘어나도록 설계되어 있다. 당연히
시장에 유통되는 물량이 줄어들고 시바이누의 시세는 상승할 것이

라는 게 시바이누 팀의 주장이다. 도지코인과 달리 시바이누는 처음 발행한 물량 외에는 더 발행되지 않는다.

　시바이누 생태계는 총 세 개의 토큰으로 굴러가는데, 중심이 되는 시바이누와 거버넌스 토큰*인 본(BONE), 생태계 토큰인 리쉬(LEASH) 등이 있다. 본 토큰은 시바스왑 사용자에게 보상으로 제공되는 토큰이며, 향후 시바이누의 프로젝트 운영 방향을 결정할 수 있는 일종의 투표권으로 사용된다. 블록체인 업계에서는 이처럼 투표권으로 사용할 수 있는 토큰을 '거버넌스 토큰'이라고 부른다. 또 다른 토큰인 리쉬 토큰은 당초 리베이스 토큰*으로 발행됐지만 지금은 시바이누의 NFT 마켓이나 메타버스의 지불 수단으로 쓰이는 등 다양한 생태계에서 활용될 수 있도록 개발 중이다. 세 개의 토큰은 모두 시바스왑에서 거래, 예치, 대출 등을 할 수 있도록 설계됐다. 리쉬 토큰은 시바이누 생태계 전반에 쓰이는 토큰이다. 예를 들어 본 토큰을 보유하고 있는 이들에게 보상으로 주어지거나 시바이누 메타버스를 만들 때 메타버스 내 토지를 우선 구매할 수 있는 혜택을 주는 등 시바이누 생태계를 활성화하기 위한 목적으로 만들어졌다.

　이와 같은 토크노믹스 설계를 자세히 살펴볼수록 시바이누는 밈코인이 아니라 범상치 않은 디파이 코인이었다는 것을 알 수 있다. 일단 밈코인으로 발행한 후 소매 넣기를 통해 관심을 끌고, 코인을 보유한 이들이 늘어나고 시바이누의 시세가 오르면서 생태계를 확장할 수 있는 조건이 갖춰지자 본격적으로 프로젝트를 가꾸어 나가고 있는 것으로 보인다. 일론 머스크와 같은 특정한 인플루언서의 지속적인 지지가 없이도 빠르게 성장한 덕에 현재 밈코인은 도지코인 계열과 시바이누 계열로 양분된 상태다.

* 거버넌스와 리베이스

▶ 거버넌스 토큰
블록체인 프로젝트에서 의사 결정 과정을 탈중앙화하고, 커뮤니티의 참여를 통해 프로젝트 운영과 관련된 중요한 결정을 내릴 수 있도록 하는 디지털 자산을 의미한다.

▶ 리베이스 토큰
토큰 가격 변화에 따라 유통량을 늘리거나 줄이는 등의 재조정(Rebase) 방식으로 일정한 가격대를 유지하는 코인. 법정화폐에 맞춰 가격이 고정되는 스테이블코인(Stablecoin)과 유사하지만 알고리즘을 통해 가격을 유지하며 법정화폐와 관련이 없다는 게 특징이다.

도지코인의 대항마 2: 페페

가장 널리 알려진 페페 이미지이자 기본 이미지

밈코인의 대장주가 도지라면, 기준점이라고 할 수 있는 코인은 페페다. 페페는 2023년 4월 발행됐으며 총 발행량은 420조 6,900억 개다. 시가총액은 34억 달러(약 4조 6,600억 원)이며 전체 코인 중 20위권, 밈코인 중에서는 3위에 해당한다.

페페에 관해 이야기하기 전에 우선 밈으로서의 페페에 대해 알아보자. 인터넷 커뮤니티나 소셜미디어를 자주 이용하는 사람이라면 '페페 더 프로그(Pepe the Frog)'라는 캐릭터를 한 번쯤 본 적이 있을 것이다. 페페 더 프로그는 맷 퓨리(Matt Furie) 작가의 2005년 만화 〈보이즈 클럽(Boy's Club)〉에 등장한 개구리 캐릭터로, 반짝이는 눈망울로 다양한 표정을 짓고 있는 게 특징이다. 캐릭터가 밈으로 유행했던 것 자체는 도지코인의 카보스보다 오래됐으며 국내에서

8	도지코인 DOGE	₩132.50	▼0.99%	▼0.24%	▼1.23%	₩19,345,265,305,313
13	시바이누 SHIB	₩0.01734	▼0.76%	▼1.04%	▼1.99%	₩10,217,197,449,618
27	Pepe PEPE	₩0.009521	▼0.80%	▼2.20%	▼0.62%	₩4,005,592,897,085

밈코인 중 3위, 전체 코인 중 27위인 페페 출처: 코인마켓캡

도 자주 사용되는 캐릭터로 커뮤니티에서 쉽게 접할 수 있다. 특히 어딘지 모르게 시무룩한 표정 탓에 패배감, 소외감을 표현하는 이미지가 되어 폭발적으로 사용됐다.

그런데 이 캐릭터가 지난 미국 대통령 선거 당시 트럼프 진영의 눈에 띄어 작가의 의도와는 상관없이 백인 우월주의와 미국 극우파의 마스코트로 이용되면서 혐오의 상징물이 되고 말았다. 당시 미국 대선은 '밈 전쟁'으로 불리기도 했는데, 페페는 그 중심에 있었다. 페페 더 프로그가 유명세를 타자 2016년 《타임(Time)》은 그해 가장 영향력 있는 캐릭터로 페페를 선정하기도 했다.

자기 캐릭터를 자유롭게 쓰도록 내버려 뒀다가 상황이 심각해지자 작가 본인이 직접 페페 사망선고를 내리고 '페페 구명 캠페인'을 열기도 했다. 이처럼 페페는 미국 사회에 깊게 뿌리를 내렸을 뿐만 아니라, 국경을 넘어 전 세계에서도 통용되는 밈이 됐으며 스티커, 인형, 이모티콘 등의 굿즈로도 만들어질 정도로 인기를 끌고 있다.

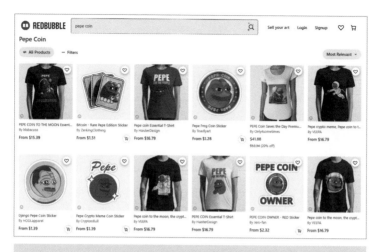

페페 이미지를 조금만 찾아봐도 알 수 있듯이 도지보다 오래된 이미지임에도 현재까지 훨씬 다양하게 사용되고 있다. 기존 밈을 통해 새로운 밈코인을 만들고 싶어하는 프로젝트에서 페페를 선택한 이유는 쉽게 납득할 수 있다.

다만 도지코인이나 시바이누 등 다른 밈코인과 비교해서 신기한 지점은 장난처럼 보이는 이 코인이 어떻게 시가총액 기준으로 높은 순위를 꿰찼느냐는 점이다.

가장 널리 알려진 페페 이미지이자 기본 이미지. 페페가 와인을 들고 있는 이미지로, 투자를 통해 큰돈을 벌었을 때 주로 사용한다. 이는 영화 〈위대한 개츠비〉에서 리어나도 디캐프리오 (Leonardo DiCaprio)의 이미지가 밈으로 쓰인 것을 다시 밈으로 재창조한 N차 창작의 결과물이다.

화가 난 페페 이미지. 왼쪽의 이미지는 오픈시에 등록된 NFT이고, 오른쪽 이미지는 디스코드 에 사용된 이미지다.

페페코인의 목표

페페코인의 공식 홈페이지를 들어가 보면 특이한 점을 찾을 수 있다. 읽어볼 만한 긴 글이 없다는 것이다. 흔한 팀 소개나 백서도 없고, 앞으로 어떤 사업을 하겠다는 계획도 없다. 이 프로젝트를 왜 시작하게 됐는지 짤막한 설명과 함께 코인 구매 방법을 올려놨을 뿐이다.

페페코인은 강아지를 앞세워 밈코인을 발행했으면서도 실제로 밈코인의 본분이라고 할 수 있는 재미와 오락의 성격을 잊은 도지코인의 행태를 비판하며 등장했다. 페페코인 홈페이지에는 페페코인의 탄생 목적을 "개(DOGE)가 지배하는 밈 트렌드를 깨고 개구리 페페를 밈의 왕좌에 올려놓음으로써 페페코인을 최고의 밈코인으로 만들겠다"라고 적었다.

이를 위해 사전판매나 거래 시 부과되는 수수료(세금)를 없앴으며, 현존하는 밈코인 중 가장 밈스러운(memeable) 프로젝트가 되는 것이 목표다. 사실 페페코인이 공식적으로 밝힌 프로젝트 설명은 이게 끝이다.

토크노믹스도 간단하다. 페페 발행 후 유니스왑 상장과 동시에 전체 코인 중 93.1%를 탈중앙화 거래소에 상장하기 위해 유동성 공급에 사용하며 나머지 6.9%는 중앙화 거래소 상장 목적으로 팀이 관리한다. 그만큼 팀이 코인을 팔아 사리사욕을 채우겠다거나

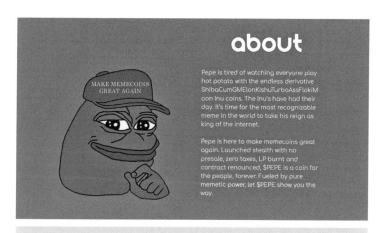

페페코인 홈페이지에서 밝힌 코인 발행 의도와 목표. 프로젝트에 대한 설명은 이 짤막한 글이 전부다. 현재 홈페이지에서는 페페코인의 제작 의의를 다음과 같이 밝히고 있다. '페페코인은 도지, 플로키, 시바이누 등의 밈코인이 끝없이 파생되는 현상에 지친 나머지 만들어지게 됐다. 세계에서 가장 유명한 밈인 페페가 밈코인 세계를 통치할 때다. 페페는 내재적 가치나 재정적 수익에 대한 기대가 없는 밈코인이며 공식적인 팀이나 로드맵이 없다. 코인은 완전히 쓸모없고 오락 목적으로만 사용된다.'
출처: 페페코인 홈페이지(pepecoin.org)

소각을 통해 인위적으로 가격을 끌어올리겠다는 생각을 버리고 페페 생태계가 자생할 수 있는 환경을 만들었다는 의미다.

로드맵이라고 세워둔 세 단계의 계획은 있지만 이조차도 별 내용은 없다. 1단계는 페페코인 발행 후 코인마켓캡 등재, 2단계는 중앙화 거래소 상장 및 뉴스레터 발행, 3단계는 대형 거래소 상장과 밈코인 시장 장악이다. 원래도 밈코인은 유틸리티가 없지만, 페페코인은 더욱이 없으며 사용할 수 있는 용도가 전혀 없다. 그러나 페페코인은 밈코인의 전성기를 연 코인으로 평가받고 있다.

페페의 성공 포인트

콘셉트

도지코인이나 시바이누보다도 쓰임새가 없는 페페코인이 현재 밈코인 시장을 주도하고 있는 이유는 무엇일까.

콘셉트를 잘 잡았다는 점을 1순위로 꼽는다. 옛날부터 장사를 할 때 중요한 것은 첫 번째도 목이요, 두 번째도 목, 셋째도 목이라는 말이 있다. 그만큼 위치 선정이 중요하다는 얘기다. 밈코인에 있어서는 첫째도, 둘째도, 셋째도 콘셉트다. 어떤 밈을 사용해 코인을 발행했느냐는 투자자들의 투자 심리를 자극하는 매력 포인트가 있는가로 이어지기 때문이다.

이런 점에서 봤을 때 페페코인이 수십 년간 온라인의 밈 터줏대감으로 군림한 페페 캐릭터를 잡은 것은 좋은 결정이었다. 물론 원작자의 동의 없이 발행되어 저작권 침해 여부가 불분명하지만 작가인 맷 퓨리는 이에 대해 법적 대응을 고려하지 않고 있는 것으로 보인다.

페페코인의 신기한 점은 성공 이후에도 에어드롭, 추첨, 경품 지급 등을 비롯한 이벤트나 디파이 프로젝트를 진행하지 않았다는 점이다. 페페도 다른 밈코인과 마찬가지로 익명의 팀이 발행했는데, 지금도 프로젝트에 별다른 관여를 하지 않고 있으며 앞으로도 그러할 것임을 분명히 했다. 밈코인의 본분에 충실하며, 초심을 잃지 않는 모습이다. 이는 프로젝트 특유의 자유로운 분위기를 더욱 공고히 하여 매출과 보유자의 지갑 개수를 끌어올렸다고 평가받는다.

커뮤니티

페페코인은 시총이 높은 밈코인 중 비교적 최근에 발행된 코인이다. 그런데도 1년 만에 60만 명 이상의 엑스 팔로어를 확보했으며 시장에서는 엑스가 페페의 시세를 끌어올린 주역이라고 보고 있다. 페페코인은 커뮤니티를 주축으로 움직이는 만큼 충성도가 높은 프로젝트로 꼽히는데, 이를 단적으로 보여주는 사례가 하나 있다.

페페코인이 발행된 지 얼마 지나지 않은 2023년 5월, 미국 대형 코인 거래소인 코인베이스는 이메일 뉴스레터를 통해 페페코인과 그 열풍에 대해 다루는 글을 써 내보냈다. 페페코인 보유자들은 좋은 내용을 실어줄 것이라고 기대했지만, 실망스럽게도 이 뉴스레터에서는 '페페는 혐오의 상징이다(PEPE is a hate symbol)'라는 주장과 함께 페페코인이 극우단체를 기반으로 하며 증오와 혐오의 상징으로 주로 사용되고 있다는 내용을 담았다.

페페 캐릭터는 미국 백인 우월주의와 극우파의 마스코트로 자주 이용됐기 때문이다. 그러나 이는 작가의 의도와 무관하게 벌어진

paulgrewal.eth
@iampaulgrewal

We screwed up and we are sorry.

Yesterday we shared an overview of the $pepe meme coin to provide a fact-based picture of a trending topic. This did not provide the whole picture of the history of the meme and we apologize to the community.
Translate with DeepL

영어에서 번역 (Google 제공)
우리는 망쳤고 미안합니다.

어제 우리는 트렌드 주제에 대한 사실 기반 그림을 제공하기 위해 $pepe meme 코인에 대한 개요를 공유했습니다. 이것은 밈의 역사에 대한 전체 그림을 제공하지 않았으며 커뮤니티에 사과드립니다.

페페를 비하한 점에 대해 사과문을 올린 코인베이스 법률 책임자의 트윗　　　출처: 엑스

일이었고, 페페코인 보유자들 역시 페페의 그러한 배경과 무관하게 밈코인이라는 점 하나를 보고 투자한 것이기 때문이다.

코인베이스의 주장에 분노한 페페코인 커뮤니티는 "이 거래소는 우리 커뮤니티가 무엇을 원하는지 모른다. 다른 거래소로 내 자산을 옮겨야겠다"라며 거세게 비판했다. 페페코인 지지자들은 서로를 '페페 군인(PEPE Army)'이라고 부르고 있는데, 이들은 엑스 내에서 '#코인베이스탈퇴(#DeleteCoinbase)' 태그 시위, 즉 코인베이스 탈퇴 운동을 벌이기 시작했다. 결국 코인베이스의 책임자가 뉴스레터의 내용에 대해 직접 사과하는 사태가 벌어지기도 했다.

충성도 높은 커뮤니티와 반대로 페페코인을 만든 팀은 아무런

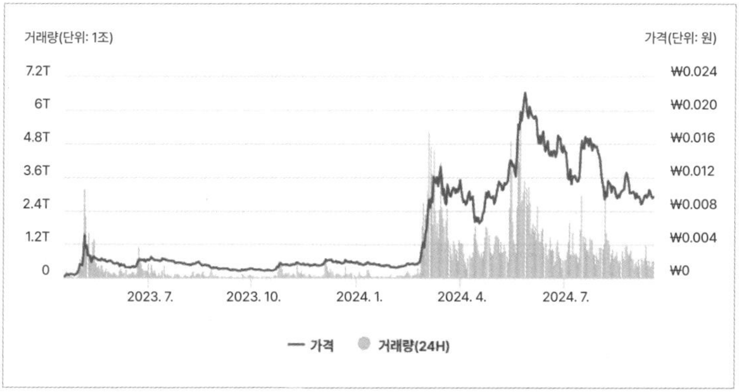
거래량(단위: 1조)
가격(단위: 원)
7.2T
6T
4.8T
3.6T
2.4T
1.2T
0
₩0.024
₩0.020
₩0.016
₩0.012
₩0.008
₩0.004
₩0
2023. 7.
2023. 10.
2024. 1.
2024. 4.
2024. 7.
가격
거래량(24H)

코인 발행 이후부터 현재까지 등락을 반복하며 우상향하는 모습을 보여주고 있는 페페코인 시세. 2024년 초부터 거래량과 시세가 급등한 것을 볼 수 있다. 출처: 쟁글

활동도 하지 않는다. 개발팀이 관여를 하지 않는다는 점은 바꿔 말하면 딱히 호재나 악재라고 할 만한 게 없다는 의미가 된다. 이 때문에 페페코인은 커뮤니티를 중심으로 하는 생태계 성장에 따라 추후 사용처가 결정된다.

이를 위해 보유자들인 홀더들은 커뮤니티가 어디까지 확장되고 어떤 사용처가 마련되는지 지켜보는데, 단기적인 급등락에 상관없이 커뮤니티 자체를 즐기고 지지하는 이들이 늘면서 장기적으로 시세가 올랐다. 실제로 페페코인 시세는 발행 후 현재까지 꾸준히 우상향하고 있다.

변동성

마지막으로는 페페코인 발행 당시 초기의 높은 변동성도 살펴볼 필요가 있다. 코인의 시세 급등락은 투자자들에게 있어 리스크로 여겨지면서도 '한 번 사볼까?' 하는 생각이 들게 하는 포인트다. 페페코인은 발행 후 한 주 만에 가격이 65% 이상 상승했고, 한 달 만에 지갑 수가 10만 개를 넘어섰다. 페페코인이 유니스왑에 상장된 직후 구매한 대형 고래 투자자들은 2024년 8월까지 약 3,800%의 수익률을 올렸을 것으로 분석된다.

페페코인의 시세는 2024년 초부터 급격하게 상승했다. 이와 같은 변동성과 유행처럼 번진 투자 심리는 더 많은 투자자들의 매수세를 자극했을 것이다. 오히려 최근처럼 어느 정도 가격이 자리를 잡고 큰 폭으로 움직이지 않는 비트코인과 이더리움 등은 상대적으로 투자 매력도가 떨어질 수 있다.

시바이누와 페페의 성공 배경

'도지코인의 라이벌'이라는 간판을 내걸고 밈코인을 만들어 발행했다고 해서 모두가 성공하는 것은 아니다. 시바이누와 페페는 매우 특별한 사례다.

게임파이 데이터 사이트인 체인플레이의 〈2024년 밈코인 현황 보고서〉에 따르면 이더리움, 솔라나, 베이스 기반의 3만 개 이상 밈코인 프로젝트를 분석한 결과 현재까지 모든 밈코인 중 97%가 실패한 것으로 나타났다. 체인플레이는 24시간 거래량이 1,000달러 미만, 공식 엑스 계정의 최근 3개월 동안의 업데이트 미비, 유동성 풀 5만 달러 미만, 소셜미디어 계정 삭제, 웹사이트 삭제 여부 등으로 성공과 실패 여부를 판단했다. 또한 체인플레이는 매달 평균 2,020개의 밈코인 프로젝트가 사라진다고도 분석했다. 밈코인의 평균 수명은 1년에 불과했다.

물론 밈코인을 만들어서 러그풀(Rug pull, 갑자기 프로젝트를 중단하거나 자금을 가지고 사라져 투자자들의 피해를 야기하는 행위)을 하겠다는 불순한 의도를 갖고 시작한 일이라면 상관없겠지만, 프로젝트를 제대로 성공시켜보겠다는 생각이라면 매력적인 심볼과 이름, 커뮤니티 구축과 관리, 세밀하게 짜인 토크노믹스 등 공들여야 할 게 한둘이 아니다. 밈코인 시장은 이미 포화 상태고 수많은 프로젝트가 경쟁하는 만큼 일반 코인보다 더 많은 것을 고려해 사업 계획을 세워야만 승산이 있다.

3부

밈코인
사용설명서

어떤 코인을 구매할 것인가

지금까지 밈코인이란 무엇이며, 어떤 것들이 있는지에 대해 살펴봤다면 이제는 실제로 밈코인에 대한 정보를 어디서 얻을 수 있고 어떻게 투자할 수 있는지 알아볼 차례다. 많은 투자 자산들이 그러하듯, 실제 투자를 해보는 것은 그 시장을 가장 빠르게 파악할 수 있는 방법 중 하나기 때문이다.

밈코인에 투자하기 전에 전체 암호화폐 시장의 현황과 시가총액, 각 코인의 공식 웹사이트와 업데이트 내용 등 중요한 정보를 한눈에 파악할 수 있어야 한다. 인베스팅닷컴(investing.com)이나 트레이딩 뷰(kr.tradingview.com)와 같은 기존 금융 플랫폼뿐만 아니라 업비트, 빗썸 등 코인 거래소에서도 각 코인들의 시세나 기본적인 정보는 파악할 수 있다. 그러나 코인에 대한 정보를 전문적으로 제공하는 플랫폼은 따로 있다.

코인마켓캡

코인마켓캡은 전 세계에서 가장 유명한 코인 데이터 플랫폼이다. 다양한 코인의 시가총액, 거래량, 가격 변동 등을 실시간으로 확인할 수 있다. 코인마켓캡의 강점은 사용자 친화적인 인터페이스다. 초보자도 사용하기 쉽고 여러 국가 언어로 번역해주는 서비스도 있어, 많은 투자자들이 사용하고 있다.

코인 시황 외에도 전 세계 코인 거래소 순위와 코인 시장을 이해

코인마켓캡 홈페이지

하기 위한 용어 정리, 뉴스, 리서치, 블록체인별 락업(의무보호예수, 즉 초기 투자자가 일정 기간 매각할 수 없도록 막아두는 기간)된 총 예치 금(TVL) 등 다양한 서비스를 제공하고 있다. 다만 심층적인 기술적 분석이나 에어드롭 등의 이벤트에 대한 정보를 이곳에서 얻기는 어렵다.

코인게코

코인게코 역시 기본적인 서비스는 코인마켓캡과 비슷하다. 투자 자들은 개인적인 선호도에 따라 편한 플랫폼을 이용하면 된다. 코 인게코만의 특별한 서비스가 있다면 탈중앙화 거래소의 모든 데이 터를 추적할 수 있는 게코터미널(GeckoTerminal)이다. 게코터미널에

코인게코 홈페이지

서는 블록체인별 총 예치금(TVL)이나 트랜잭션 수 랭킹뿐만 아니라 전 세계 탈중앙화 거래소의 순위, 거래량, 유동성과 각 거래소에 상장된 코인의 가격까지 모니터링할 수 있다.

또한 코인게코에서는 블록체인별로 탈중앙화 거래소를 나눠 확인할 수 있으며, 상승률이 높았던 코인과 새로 상장된 코인 등의 정보도 쉽게 찾을 수 있다. 물론 코인마켓캡에서도 비슷한 서비스를 제공하지만 코인게코에 비해 활성화되지 않았고 인터페이스도 코인게코가 조금 더 편리하다. 밈코인의 경우 중앙화 거래소보다는 탈중앙화 거래소를 주로 이용하기 때문에 코인게코의 게코터미널이 투자자들에게 많은 참고가 된다.

코인게코의 게코터미널(www.geckoterminal.com)

쟁글

코인마켓캡과 코인게코가 기본적으로 영어로 운영되는 해외 서비스인 반면 쟁글은 국내 업체가 만든 한국어 서비스 플랫폼이다. 코인 시세나 거래량, 백서, 공식 홈페이지 등 기본적인 정보뿐만 아니라 최신 업데이트 내용도 확인할 수 있다는 게 큰 장점이다.

한국인에게 쟁글의 강점은 당연하게도 한국어로 서비스를 한다는 점이다. 특히 쟁글은 국내외 주요 블록체인 관련 업체들이 내놓는 리서치 보고서를 번역해 올리며 쟁글 자체적으로도 주간 보고서를 발행하기 때문에 전반적인 시장 동향을 파악하기 좋다.

쟁글 홈페이지

* 온체인 데이터로 코인 분석하기

코인마켓캡, 쟁글, 코인게코가 코인 투자자들 사이에서 가장 많이 쓰이는 데이터 플랫폼이지만 보다 심도 있는 온체인 데이터 분석을 위해서는 다른 곳도 참고할 수 있다.

온체인 데이터란 모든 사람이 열람할 수 있는 블록체인 시스템에 관한 정보다. 블록체인은 모든 정보가 투명하게 공개된다는 특징을 가지고 있어 이를 활용해 거래된 코인 수, 지갑 주소, 채굴자들에게 지급되는 수수료와 같은 기본적인 정보들을 파악할 수 있다.

예를 들어 뉴스 기사를 살펴보면 '듄 애널리틱스에 따르면 밈코인과 실물 연계자산 테마 암호화폐는 최근 3개월간 각각 134.97%와 39.36% 올랐다'라거나 '크립토퀀트의 데이터에 따르면 발행 시점 비트코인 가격은 6만 3,855달러로 단기 보유자 실현가보다 1.4% 높았다'라는 식의 설명을 자주 확인할 수 있다. 이와 같은 내용은 온체인 데이터 분석을 통해 가능하다.

블록체인은 정보가 여러 장부에 공동으로 기록되어 공개되기에 온체인 데이터상에서 거래 정보를 숨기거나 조작할 수 없고, 그렇기에 감시자 역할을 하기도 한다. 하지만 공개된 블록체인의 정보가 너무 방대해 유의미한 2차적 해석을 도출하는 것은 어렵다.

그러나 이를 잘 분석하면 현재 인기가 많은 프로젝트가 어떤 것인지, 성장 가능성이 큰 프로젝트가 무엇인지 어느 정도 유추할 수 있다. 특히 누가 코인을 얼마나 사고 팔았는지도 찾아볼 수 있다. 다만 온체인 데이터를 분석하는 사이트들은 전문용어를 통해 너무나 많은 정보를 제공하고 있기 때문에 일반 투자자들이 직접 사용하기에는 어려움을 느낄 수 있다. 때문에 직접 활용하기보다는 해당 도구들을 활용한 리서치 보고서를 찾아 읽어보는 것만으로도 많은 도움을 받을 수 있다.

▶ 이더스캔(Etherscan)

이더스캔(etherscan.io)

이더스캔은 블록체인의 블록 생성 내역, 트랜잭션 조회, 지갑 정보 조회, 이더리움 기반의 토큰 검색 등 이더리움 블록체인에서 일어나고 있는 모든 활동과 정보를 쉽게 검색할 수 있는 사이트다. 즉, 이더리움 블록체인 내에서 일어나는 입출금이나 트랜잭션(거래 내역)을 확인할 수 있다.

일반 투자자가 이더스캔을 사용하는 경우는 드물지만 누가 코인을 언제, 누구에게 보냈는지 쉽게 검색할 수 있다는 점에서 자금 추적 용도로 자주 쓰인다. 예를 들어 A코인을 발행한 사람이 전체 발행량의 40%를 보유하고 있고 1년 동안 누구에게도 팔지 않겠다고 투자자들에게 약속했는데 어느 날 이더스캔으로 코인의 트랜잭션을 검색해보니 발행인의 지갑에서 다른 지갑으로 이체된 내역이 있는 경우 투자자들은 발행인에게 자금 흐름을 해명하라고 직접 요구하기도 한다.

이런 일은 코인 발행 업체와 투자자들 사이의 소통이 텔레그램을 통해 비교적 가깝게 이루어지는 코인 업계에서는 빈번하게 발생하는 일이다.

▶ 크립토퀀트(CryptoQuant)

크립토퀀트는 한국에서 만들었기 때문에 한국인 투자자들은 온체인 데이터 분석 자료를 이곳에서 보다 쉽게 이용할 수 있다. 크립토퀀트는 네트워크 데이터(블록체인 자체 내에서 파악할 수 있는 데이터로, 활성화된 지갑 수 등이 포함된다), 시장 데이터(암호화폐 거래소에서 생성되는 가격과 관련된 데이터), 주요 주체 입출금 데이터(암호화폐를 많이 들고 있는 주체나 채굴자들과 같이, 시장에 중요한 역할을 할 수 있는 주요 주체들의 움직임 및 입출금에 관한 데이터) 등 크게 세 가지의 항목으로 나누고 코인 데이터 API(애플리케이션 프로그래밍 인터페이스)와 대시보드, 주간 암호화폐 보고서, 리서치 보고서, 전문가의 분석 글 등을 제공한다.

대부분의 문서는 영어지만 회원가입 시 한국어 번역 서비스도 제공하고 있다. 다만 크립토퀀트는 기본적으로 유료로 운영되지만 일정 기간은 무료로 이용할 수 있다. 참고로 크립토퀀트는 2019년 한국에서 발생한 'N번 방 성착취물 제작 및 유포 사건 사건'에 연루된 코인 지갑들을 조사하는 데 크게 기여한 바 있다. 이 과정에서 크립토퀀트는 검찰청 및 경찰과 협조했으며 대한민국 정부는 2019년부터 범죄에 연루된 코인 지갑들을

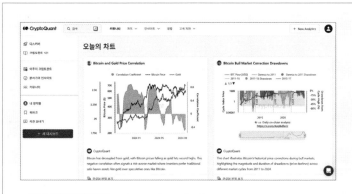

크립토퀀트 홈페이지(cryptoquant.com/ko/)

조사하는 데 수십억 원을 지원하고 있다.[*] 크립토퀀트와 비슷한 서비스를 제공하는 해외 업체로는 글래스노드(Glassnode)가 있다.

▶ **듄 애널리틱스(Dune Analytics)**

듄 애널리틱스 역시 온체인 데이터 분석 사이트이지만 앞서 언급한 크립 토퀀트와는 차별화된다. 필요한 온체인 데이터를 모아 직접 대시보드를 만들 수 있는 게 특징인데, 좀 더 쉽게 이해하려면 구글 애널리틱스를 떠 올려보면 된다.

대시보드란 여러 데이터를 빠르게 모니터링할 수 있도록 개요 위젯을 모 아둔 페이지를 말한다. 중요한 지표에 따라 자신에게 맞게 대시보드를 구 성할 수 있어서 주요 항목들의 현황 및 실적을 빠르게 파악할 수 있다. 단

●   크립토퀀트 이용자 가이드

듄 애널리틱스 홈페이지(dune.com)

순하게 생각해보면 블로그나 유튜브를 운영할 때도 오늘 몇 명이 내 글이나 동영상을 조회했는지, 재방문율은 얼마나 되는지, 동영상의 평균 재생 시간은 얼마나 되는지 등을 통계로 분석해주는 서비스가 있다. 마찬가지로 듄 애널리틱스는 블록체인에 특화된 대시보드를 이용자가 직접 만들 수 있을 뿐만 아니라, 다른 이들이 만든 대시보드도 볼 수 있게 해준다.

기간별 거래량은 얼마나 되는지, 어떤 거래소가 점유율이 가장 높은지, 사용자는 얼마나 되는지 등에 대한 온체인 데이터를 가져와 직접 대시보드를 만들 수 있다. 그러나 대시보드를 만들 수 있는 기본적인 조건이 갖춰져 있다 해도 데이터베이스를 찾기 어렵기 때문에 직접 대시보드를 만드는 일반 투자자는 거의 없다. 국내외 주요 코인 투자사나 개발사 등이 대시보드를 만들어 제공하는 편이다.

중앙화 거래소에서 밈코인 구매하기

밈코인에 투자할 수 있는 가장 쉬운 방법은 중앙화 거래소를 이용하는 것이다. 크게 국내 거래소와 해외 거래소로 나눌 수 있는데, 투자를 처음 시작하는 사람이라면 원화로 코인에 투자해야 하므로 원화 거래가 가능한 거래소를 이용해야 한다.

국내에 원화로 코인을 거래할 수 있는 거래소는 업비트, 빗썸, 코인원, 코빗, 고팍스 다섯 곳뿐인데 거래소마다 계좌가 연결된 은행이 다르다. 업비트는 케이뱅크, 빗썸은 농협은행, 코인원은 카카오뱅크, 코빗은 신한은행, 고팍스는 전북은행이다. 코인 거래를 위해서는 거래소와 제휴를 맺은 은행에서 계좌를 발급받는 게 우선이다. 만약 기존 계좌가 있다면 새로 만들 필요는 없다.

계좌를 만들었다면 원하는 거래소에 회원가입을 한 후, 은행 계좌를 거래소와 연동한다. 그리고 본인의 은행 계좌에 일정 금액을 넣어둔 후, 거래소 본인 계정에서 '원화 입출금' 버튼을 눌러 원하는 금액을 입력하면 된다. 최종적으로 카카오톡으로 본인인증 요청을 확인하면 원화 충전이 완료된다. 중앙화 거래소는 모든 과정을 친절하게 안내하고 있으며 고객센터를 운영하고 있으므로 어렵지 않게 이용할 수 있다.

다만 거래소에 가입하기 전에 내가 투자하고 싶은 코인이 해당

업비트 잔고 연결 화면

출처: 업비트

국내에서 가장 큰 암호화폐 거래소인 업비트의 거래 화면. 오른쪽 사이드바에서는 업비트에 상장된 모든 코인을 볼 수 있으며, 이 중에서 거래하고 싶은 코인을 선택해 매수 혹은 매도하면 된다.

출처: 업비트

거래소에 상장되어 있는지 확인해야 한다. 도지코인이나 시바이누, 페페 등 시가총액이 높은 밈코인은 대부분의 거래소에 상장되어 있다. 그러나 상장 기준이 제각각이기 때문에 유명하지 않은 코인에 대해서는 거래를 지원하지 않는 거래소도 있다.

탈중앙화 거래소를 이용하기 위해서라도 중앙화 거래소는 한 번 이상은 반드시 거쳐야 한다. 탈중앙화 거래소는 법정화폐가 아닌 이더리움 혹은 스테이블코인 등으로 다른 코인을 거래할 수 있는데, 해당 코인을 일단 중앙화 거래소에서 구매한 후 개인 지갑으로 옮겨야만 탈중앙화 거래소를 이용할 수 있기 때문이다. 예를 들어 업비트에서 이더리움을 구매한 후 내 메타마스크 지갑(이더리움 기반 코인 전용 지갑 서비스)의 주소를 입력해 출금하면 된다.

메타마스크 지갑 만들기

중앙화 거래소에 가입하면 다양한 코인을 볼 수 있다. 이곳의 코인을 메타마스크와 같은 개인 지갑에 옮겨와야만 탈중앙화 거래소를 이용할 수 있다. 은행에 맡긴 돈을 현금으로 꺼내 본인 지갑에 넣어놔야만 현금 결제만 허용하는 가게를 이용할 수 있는 것과 마찬가지라고 보면 된다.

문제는 블록체인에 따라 지원하는 지갑이 다르다는 점이다. 이더리움은 메타마스크, 솔라나는 팬텀, 아발란체는 코어 등으로 나뉘어 있다. 그러나 메타마스크에서 다른 블록체인 네트워크를 추가하면 이더리움 외에 다른 코인도 보관할 수 있고, 트러스트 월렛처럼 다양한 블록체인을 지원하는 지갑도 있기 때문에 본인에게 필요한 지갑이 어떤 것이며, 본인이 이용하고자 하는 탈중앙화 거래소가 해당 지갑과 연결되는지 여부를 반드시 확인해야 한다. 여기서는 메타마스크를 통해 지갑을 만드는 방법과 사용법을 설명하려한다.

지갑 만들기

크롬(Chrome) 브라우저를 통해 인터넷에 접속한 뒤 검색엔진에 '메타마스크'를 검색하면 확장프로그램을 다운로드하는 링크로 이동할 수 있다.

다운로드를 확인하는 화면에서 '크롬에 추가' 버튼을 누르면 메타마스크가 사용자의 크롬에서 쓸 수 있도록 설치되며, 곧장 지갑을 생성할 수 있는 화면이 나온다.

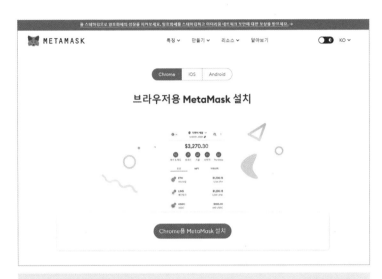

메타마스크 시작 화면은 다음과 같다.   출처: 메타마스크

메타마스크를 다음과 같이 크롬에 추가할 수 있다.   출처: 메타마스크

크롬 브라우저에 메타마스크가 설치된 모습은 다음과 같다. 메타마스크에 연결하고 싶을 때 브라우저의 ① 아이콘을 클릭하면 바로 접속할 수 있다. 순서대로 따라 하면 비밀번호 생성, 복구 구문 기록, 복구 구문 확인 등을 통해 지갑을 생성할 수 있다.

② '새 지갑 생성'을 누르면 본인의 지갑을 만들 수 있으며, 하단의 '기존 지갑 가져오기'를 누르면 이전에 만들었던 메타마스크 지갑이나 스마트폰 애플리케이션으로 만든 메타마스크 지갑을 연결할 수 있다. 반대로 브라우저에서 만든 지갑을 모바일로 연결할 수도 있다.

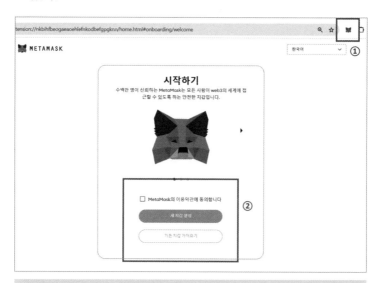

메타마스크에 연결하고 싶을 때 ①을 클릭하면 된다. ②의 '새 지갑 생성'을 누르면 본인의 지갑을 만들 수 있다.
출처: 메타마스크

비밀번호를 설정하고 비밀복구 구문을 저장한다. 　　　　　　　　　출처: 메타마스크

비밀복구구문 기록

이 12단어 비밀복구구문을 기록하고 본인만 접근 가능한 믿을 만한 장소에 저장하세요.

팁:
- 적어서 여러 비밀 장소에 보관하세요.
- 대여 금고에 보관.

다른 사람이 이 화면을 보고 있지는 않은지 확인하세요.

비밀복구구문 공개

지갑 생성 성공

지갑을 성공적으로 보호했습니다. 비밀복구구문을 안전하게 비밀로 유지하세요. 이는 회원님의 책임입니다!

참고:
- MetaMask는 비밀복구구문을 복구할 수 없습니다.
- MetaMask는 비밀복구구문을 절대 묻지 않습니다.
- 누군가와 **비밀복구구문을 절대 공유하지 마세요.** 또는 회원님의 자금을 도난당할 위험이 있습니다.
- 자세히 알아보기

고급 옵션

확인

각자의 구문을 캡처하거나 복사해둔 다음, 구문을 확인하고 나면 지갑이 생성된다.

출처: 메타마스크

메타마스크 지갑이 생성된 모습은 다음과 같다. 하단의 검은색 상자로 가려둔 부분이 각자의 지갑 주소가 적힌 부분이다. 지갑 주소는 길고 복잡하므로 기억하기 어려운데, 지갑 주소 옆 두 개의 박스가 겹쳐진 모양의 버튼을 누르면 자동으로 복사된다. 중앙화 거래소를 비롯한 다른 플랫폼의 계정 혹은 지갑에서 메타마스크로 토큰을 옮기고 싶을 때 복사한 주소를 붙여넣으면 된다.

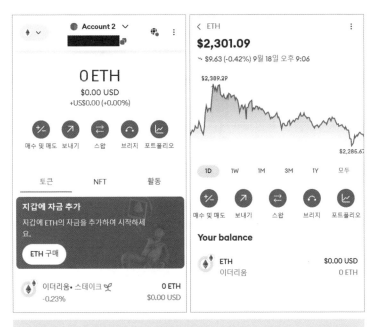

메타마스크 지갑이 생성된 모습이다. 메타마스크에서 이더리움을 거래해보자. 오른쪽 화면처럼 메타마스크 내에서 토큰 매수 및 매도, 다른 토큰으로 스왑, 다른 지갑이나 다른 블록체인으로 전송 등 여러 기능을 이용할 수 있으며 포트폴리오 기능을 통해 내가 메타마스크에 보유한 토큰들의 시세나 수익도 확인할 수 있다.　　　　　　　　　　출처: 메타마스크

굳이 중앙화 혹은 탈중앙화 거래소를 이용하지 않아도 메타마스크 내에서 토큰 매수 및 매도, 다른 토큰으로 스왑, 다른 지갑이나 다른 블록체인으로 전송하기 기능 등과 같은 여러 기능을 이용할 수 있다. 하단에 검은색으로 가려진 부분에는 각자의 토큰 주소가 담겨 있다.

상대의 메타마스크 주소를 알면 토큰을 받을 수 있다. 전송 시에는 수수료(가스비)가 발생한다. '토큰 받기'를 클릭하면 오프라인에서도 토큰을 받을 수 있도록 QR코드가 생성된다. 반대로 '토큰 가져오기'를 누르면 관심 있는 토큰을 지갑에 추가할 수 있다. 검은색으로 가려진 부분은 각자의 지갑 주소다.

출처: 메타마스크

'토큰 받기'를 클릭하면 오프라인에서도 토큰을 받을 수 있도록 QR 코드가 생성된다. 상대가 토큰을 보낼 경우, 가스비를 내야 한다. 각 가스비는 네트워크에 따라 다르고, 같은 네트워크 내에서도 가스비는 계속 변동한다.

반대로 '토큰 가져오기'를 누르면 관심 있는 토큰을 지갑에 추가할 수 있다.

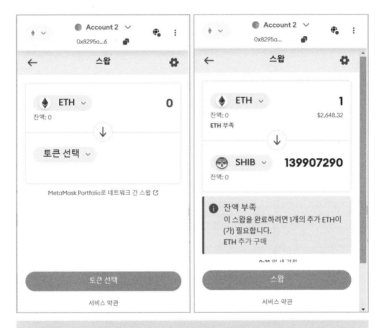

스왑 버튼을 누르면 왼쪽 그림과 같이 이더리움을 통해 거래하고 싶은 토큰을 고르는 창이 보인다. 오른쪽 그림처럼 원하는 토큰을 고른 후 내가 보유한 이더리움의 수량을 입력하면 자동으로 거래할 수 있는 토큰 수량이 계산된다. 메타마스크에 보유하고 있는 이더리움의 수량이 충분하지 않을 경우 잔액이 부족하다는 알림창이 뜬다.　　　　출처: 메타마스크

메타마스크는 이더리움 기반으로 만들어진 지갑이기 때문에 이더리움에서 발행된 토큰을 보관할 수 있다. 이더리움 가상 머신(EVM)을 사용해 만든 다른 블록체인 네트워크들을 추가할 수 있다. 예를 들어 폴리곤, 클레이튼, BSC 네트워크 등이다. 트론(TRX), 리플, 솔라나는 EVM을 사용해 만든 네트워크가 아니므로 메타마스크에서 네트워크를 추가할 수 없다. 이 세 가지 네트워크는 각각

메타마스크에서 네트워크 선택을 해보자. 이 버튼을 누르면 이더리움 가상 머신(EVM)을 사용하여 만든 다른 블록체인 네트워크들을 추가할 수 있다. 예를 들어 폴리곤, 클레이튼, BSC 네트워크 등이다.   출처: 메타마스크

독자적인 네트워크를 별도로 만든 것이라고 보면 된다.

기존 이더리움 네트워크에서 폴리곤 네트워크로 전환한 화면은 다음과 같다. 이처럼 네트워크를 바꾸면 폴리곤 기반의 토큰도 메타마스크 지갑에 보관할 수 있다. 전송 시 수수료 또한 이더리움이 아닌 매틱(폴리곤코인)으로 자동 결제된다.

폴리곤 네트워크로 전환한 화면은 다음과 같다. 네트워크를 바꾸면 폴리곤 기반의 토큰도 메타마스크 지갑에 보관할 수 있다. 전송 시 수수료 또한 이더리움이 아닌 매틱(폴리곤코인)으로 자동 지불된다.

출처: 메타마스크

탈중앙화 거래소, DEX

우리가 흔히 알고 있는 중앙화 거래소는 법인이 투자자들의 자산을 수탁하고, 사용자는 거래소가 제공하는 장부 위에서 거래하는 구조로 이루어져 있다. 어떤 코인을 상장할 것인지도 거래소 내 상장팀에서 심사한다.

하지만 중앙화된 주체가 거래의 신뢰를 보장하는 구조는 '거래 과정에서 제3자가 개입할 필요 없다'라는 무허가성(permissionless)이라는 블록체인의 특성에 반하는 것이기에 블록체인 커뮤니티에서는 중앙화되어 있지 않은 형태, 일명 탈중앙화 거래소를 만들기 위해 노력했다.

그 결과 2017년부터 탈중앙화 거래소(DEX)가 등장하기 시작했다. 초기에는 과도한 가스비와 부족한 유동성 등의 문제가 있어 큰 관심을 받지 못했다. 그러나 2019년부터 디파이가 부상하기 시작하면서 많은 투자자가 탈중앙화 거래소를 이용하고 있다.

그러나 여전히 투자자 대부분은 중앙화 거래소 밖을 벗어나는 것을 어려워한다. 개인 지갑을 만드는 것은 그리 어려운 일이 아니지만, 코인을 보내기 위해 지갑 주소를 입력하고 수량을 정해 보내는 등 일련의 과정은 여전히 익숙하지 않은 것이다. 이 장벽에 부딪혀 탈중앙화 거래소를 이용하지 못하는 이들이 대부분이다. 게다가

중앙화 거래소에도 충분히 많은 코인이 상장돼 있어서 개인 지갑을 새롭게 만든 뒤, 코인을 옮기고, 탈중앙화 거래소를 이용하는 긴 과정을 겪지 않아도 된다.

그럼에도 코인 투자를 오랫동안 해온 이들이 탈중앙화 거래소를 이용하는 이유의 저변에는 2017년 ICO 열풍 때와 비슷한 심리가 깔려 있다. 중앙화 거래소와는 비교할 수 없을 정도로 많은 코인(밈코인을 포함해)을 구매할 수 있으며, 초보 투자자가 많은 중앙화 거래소보다 전문적인 트레이더들이 탈중앙화 거래소를 많이 이용하기 때문에 시세 급등락도 심하다. 많이 잃을 수도 있지만 그만큼 벌 수도 있다는 얘기다. 그뿐만 아니라 탈중앙화 거래소에서 구매한 코인이 중앙화 거래소에 상장된다면 대부분 시세가 크게 오르기 때문에 이를 기대하고 코인을 구매하는 이들도 많다.

현재 셀 수 없이 많은 탈중앙화 거래소가 운영되고 있다. 투자자들은 본인이 원하는 밈코인이 상장된 거래소를 이용하면 되는데 그 밈코인이 어느 블록체인에서 발행됐는지도 알아봐야 한다. 블록체인별로 사용할 수 있는 탈중앙화 거래소가 다르기 때문이다. 여기서는 이더리움 기반인 유니스왑과 솔라나 기반인 레이디움을 알아보고, 유니스왑에서 직접 밈코인을 구매하는 방법을 차례대로 따라가보자.

유니스왑

유니스왑은 코인 투자자들이 가장 많이 사용하는 탈중앙화 거래소 중 하나다. 특히 AMM(Automated Market Maker, 자동 마켓 메이커)* 알고리즘 기반으로 유동성 풀(Liquidity Pool)*을 제공해 탈중앙화 거래소의 한계점을 보완한 최초의 거래소라는 콘셉트로 시장에 등장했다.

사용자는 거래를 위해 토큰 풀에서 코인을 스왑(교환)할 수 있다. 거래 가격은 AMM에 의해 자동으로 결정된다. 탈중앙화 거래소는 사용자들이 유동성 풀을 공급하고, 토큰 거래를 원하는 사용자는 해당 풀에서 원하는 토큰을 교환한다. 거래의 상대방이 명확히 존재하지 않기 때문에 교환 비율이나 토큰의 가치는 수학적인 알고리즘에 의해 형성된다. 또한, 토큰 발행자는 자신이 만든 토큰을 거래할 수 있도록 새롭게 풀을 만들 수 있다. 또, 거래를 위한 유동성은 풀에 자산을 예치하는 유동성 공급자(LP, Liquidity Provider)*가 제공한다.

과거 유니스왑에서는 유동성 공급자를 대상으로 UNI 토큰을 보

---

* 탈중앙화 거래소에서 수학적 알고리즘을 사용해 구매자와 판매자 간 암호화폐가 거래될 수 있도록 적절한 가격을 제안하고 사용자 간 주문을 연결하는 시스템을 말한다. 중앙화 거래소에서는 매수자와 매도자가 각자 원하는 가격을 제시한 후 서로 일치하는 가격으로 거래가 이루어진다. 반면 탈중앙화 거래소는 AMM이 자동화된 알고리즘을 통해 자산 가격을 조절해 거래가 이루어지도록 한다.

* 유동성 풀과 유동성 공급자

▶ 유동성 풀

암호화폐 간 스왑(교환)을 위해 스마트 컨트랙트 내에 암호화폐를 모아두는 곳을 의미한다. 비유하자면 은행의 금고 같은 역할인데, 은행이 금고에 충분한 외화를 보유해야만 환전이 가능한 것과 비슷하다. 탈중앙화 거래소는 운영 주체가 없으므로 개개인들이 거래소 안에 있는 유동성 풀에 코인을 공급한다. 이를 통해 금고가 채워져 있게 되므로 교환할 암호화폐가 없어 거래가 이루어지지 않는 비유동성 문제를 해결할 수 있게 된다. 이 때문에 유동성 풀은 제3자의 개입 없이도 운영될 수 있는 탈중앙화 거래소의 핵심 기술이라고 할 수 있다. 금고를 채워 넣는 역할을 하는 유동성 공급자는 원활한 거래가 이루어지게 한 보상으로 탈중앙화 거래소의 LP 토큰을 받게 된다. 이 토큰을 다시 탈중앙화 거래소에서 거래해 수익을 내거나 스테이킹(예치)해 이자를 받는 등 다양하게 활용할 수 있다.

▶ 유동성 공급자

금융상품에 대한 매매가 원활하게 이루어질 수 있도록 매도 및 매수 호가를 지속적으로 제시하는 시장 참가자를 말한다. 즉, 매매 거래가 부진한 종목과 계약을 맺은 증권회사(발행사)가 지속적으로 매도와 매수 호가를 제시해 안정적인 가격 형성을 유도하는 제도다.

유니스왑 홈페이지(app.uniswap.org)

유니스왑 홈페이지 상단의 '탐색'을 누르면 현재 유니스왑에서 거래할 수 있는 토큰 풀을 볼 수 있다. 예를 들어 USDC/ETH 풀의 경우 USDC를 팔고 이더리움을 구매할 수 있다. 반대로 ETH/USDC는 ETH를 팔고 USDC를 구매하는 풀이다.

출처: 유니스왑

상으로 지급했다. 이 토큰은 유니스왑의 거버넌스 토큰으로 총 공급량의 1% 이상을 보유한 사람은 누구나 유니스왑에 새로운 기능이나 거래소 운영 정책 등을 제안할 수 있다. 또한 보유량과 관계없이 모든 UNI 보유자는 해당 문제에 대해 투표할 수 있다. UNI 토큰이 상장된 다른 거래소에서 매도하고 수익을 얻을 수도 있다.

유니스왑은 메타마스크 지갑과 마찬가지로 이더리움을 기반으로 개발됐다. 따라서 이더리움 및 기타 EVM 호환 블록체인 네트워크와 연결되며, 해당 네트워크에서 발행된 토큰들만 거래할 수 있다.

유니스왑 이후에 팬케이크스왑, 스시스왑 등 다양한 탈중앙화 거래소가 등장했으며 모두 유니스왑의 모델을 기본으로 가져왔지만 세부적인 기술이나 비즈니스 방식에서는 차이가 있다. 유니스왑을 이용할 수 있다면 다른 탈중앙화 거래소 역시 어렵지 않게 이용할 수 있다.

레이디움 Raydium

유니스왑이 이더리움 블록체인을 대표하는 탈중앙화 거래소라면, 솔라나 블록체인에서는 레이디움이 그 역할을 한다고 볼 수 있다. 따라서 레이디움에 앞서 솔라나가 어떤 블록체인인지에 대해 알아야 한다. 밈코인 열풍의 중심에는 솔라나가 있기 때문이다.

솔라나는 이더리움에 대항하기 위해 만들어진 레이어1 블록체

레이디움 홈페이지(raydium.io)

인이다. 쉽게 말해 레이어1은 완전히 새롭게 만들어진 메인 블록체인이라고 보면 되는데, 블록체인 사용량이 늘어날수록 속도가 느려지고 수수료는 높아진다. 이를 해결하기 위해 등장한 것이 레이어2인데, 메인 블록체인의 외부에서 데이터를 처리하는 여러 기술을 도입한 블록체인이다.

솔라나는 레이어1 블록체인이다. 다시 말해, 이더리움과 즉각적인 연결이 어렵다는 뜻이다. 당연히 유니스왑이나 메타마스크와 같은 이더리움 기반 서비스를 사용할 수 없기 때문에 솔라나만의 독자적인 서비스가 필요하다.

처음 솔라나의 탈중앙화 거래소로 등장했던 것은 세럼(SRM)이었다. 세럼은 2022년 당시 세계 최대 암호화폐 선물거래소였던 FTX 설립자 샘 뱅크먼프리드(Sam Bankman-Fried)가 만든 탈중앙화 거래소였다. 이곳은 이더리움 기반 탈중앙화 거래소보다 압도적으로 빠르고, 수수료 역시 더 낮은 데다 이더리움 체인과의 통합까지 꾀하며 유니스왑을 넘어설 준비를 하고 있었다. 세럼 거래소의 거버넌스 토큰인 세럼 역시 주요 중앙화 거래소에도 상장되며 승승장구했다. 그러나 2022년 말, FTX 파산 사태*가 발생하면서 세럼 역시 운영을 중단했고 결국 세럼 토큰은 상장폐지됐다. 솔라나 역시 주

* FTX 파산 사태

2022년 11월 2일, 암호화폐 전문 매체인 《코인데스크》가 알라메다 리서치의 자금 유동성에 대한 의혹을 제기하는 기사를 작성하면서 문제가 불거졌다. 당시 FTX는 전 세계 코인 거래소 중 3위에 해당하는 초대형 거래소였다. FTX의 자산은 모회사인 알라메다 리서치가 보유하고 있는데, 146억 달러의 자산 중 3분의 1 이상을 자사 토큰인 FTT 혹은 자사에서 밀어주던 솔라나로만 보유하고 있었기 때문에 해당 자산은 자금 유동성이 제로에 가까운 상태라는 내용이었다. 이에 더해 바이낸스 설립자인 자오창펑이 엑스를 통해 자신이 보유한 FTT를 전량 매각했다는 소식이 전해지자 투자자들의 매도 물량이 쏟아져 나오면서 FTT는 하루 사이에 80% 이상 대폭락했다. 결국 FTX가 파산하면서 모든 고객의 자산 인출이 중단됐다.

춤했으나 기술력은 문제가 없었기 때문에 다시 레이어1 프로토콜로서 입지를 다져갔다.

레이디움은 당초 세럼에 유동성을 공급하기 위한 AMM(자동 마켓 메이커) 알고리즘으로 개발됐다. 그러나 세럼이 문을 닫은 후 솔라나와 세럼의 기술을 바탕으로 새롭게 만들어진 탈중앙화 거래소다. 이제는 세럼을 대신해 솔라나의 대표 탈중앙화 거래소로 자리를 잡았으며, 밈코인 열풍의 중심에 솔라나가 있는 만큼 레이디움의 역할도 주목받고 있다.

레이디움 홈페이지 오른쪽 상단 'Connect wallet' 버튼을 클릭하면 자신의 지갑을 선택할 수 있다. 팬텀과 솔플레어, 메타마스크 등 여러 지갑 중에서 자신이 보유한 지갑을 선택해 연결하면 된다.
출처: 레이디움

레이디움을 사용하기 위해서는 먼저 레이디움에 연결할 솔라나 지갑을 만들어야 한다. 유니스왑을 사용하기 위해 메타마스크 지갑을 만들어야 하는 것과 마찬가지다.

솔라나 전용 지갑서비스는 팬텀(Phantom), 솔플레어(Solflare) 등이 있는데 가장 유명한 것은 팬텀이다. 메타마스크의 경우 이더리움 기반 코인을 보관하는 용도로 개발됐기 때문에 지금까지 솔라나 네트워크는 호환이 되지 않았다. 그러나 솔라나의 사용자가 늘

지갑을 연결한 후에는 보유하고 있는 코인과 거래하고 싶은 코인의 수량을 선택하면 손쉽게 거래할 수 있다. 만약 100개의 솔라나를 보유하고 있다면 솔라나 수량에 100개를 입력한다. 수량을 입력하면 자동으로 교환 가능한 토큰의 수량이 입력된다. 위의 화면처럼 솔라나 100개는 7,016개의 레이디움 토큰으로 교환할 수 있다.　　　　　　　　　　출처: 레이디움

면서 메타마스크 역시 솔라나를 보관할 수 있도록 기능을 업데이트하고 있다. 이 때문에 이제는 레이디움을 사용할 때는 팬텀과 솔플레어 외에도 메타마스크를 사용할 수 있다.

레이디움 웹사이트에서 오른쪽 상단의 'Connect wallet' 버튼을 누르면 여러 지갑을 선택할 수 있다. 이 중에서 자신이 보유하고 있는 지갑을 선택한 후 연결하면 된다.

유니스왑에서 밈코인 투자하기

현존하는 많은 탈중앙화 거래소가 유니스왑을 모티프 삼아 개발됐기 때문에 탈중앙화 거래소를 처음 이용하고자 하는 사람이라면 일단 유니스왑을 먼저 사용해보길 추천한다. 유니스왑 역시 한국어 서비스를 지원하고 있기 때문에 메타마스크 지갑을 설치해봤다면 어렵지 않게 이용할 수 있다.

메타마스크의 크롬 확장 프로그램을 설치한 채로 유니스왑 사이트에 접속한다. 유니스왑 홈페이지(app.uniswap.org)에 들어가면 다음과 그림과 같은 화면이 보인다.

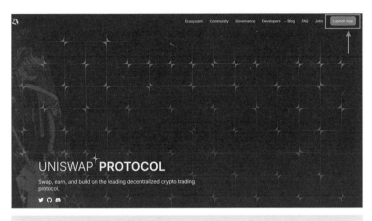

사이트에 접속한 후 ①번에 표기된 '시작하기'를 누른 후 ②번에 표기된 '연결' 버튼을 누른다. 유니스왑은 이처럼 단순한 구조로 이루어져 있다. 말 그대로 '스왑(교환)' 기능에 충실하기 때문이다.

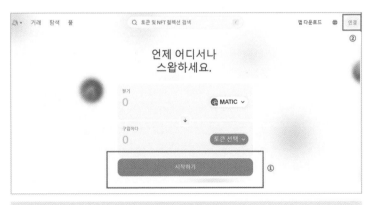

기존에 설치했던 메타마스크와 유니스왑을 연결하기 위해 메타마스크 버튼을 누르면 메타마스크 계정을 선택할 수 있는 화면이 나온다. 본인의 계정을 선택한 후 '다음' 버튼을 누르고 메타마스크 계정 생성 당시 만들었던 비밀번호를 입력하면 지갑이 연결된다. 이제 유니스왑을 이용할 준비가 모두 끝났다.

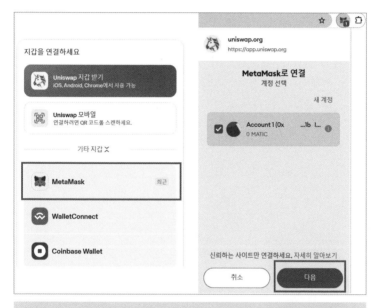

메타마스크와 유니스왑을 연결하기 위해 왼쪽 그림처럼 메타마스크 버튼을 누르면 계정 선택 창이 나온다. 계정 선택 후 비밀번호를 입력하면 된다. 출처: 유니스왑

지갑을 연결한 후 다시 유니스왑을 살펴보면 ①번 위치의 메뉴에서 확인할 수 있듯 거래, 탐색, 풀 등 다양한 기능을 확인할 수 있다. 밈코인을 거래하기 위해서 이와 같은 기능을 모두 사용할 필요는 없다. 유니스왑에서는 셀 수 없이 많은 토큰을 거래할 수 있기 때문에 모든 토큰과 거래 풀을 확인하기는 어렵기 때문이다.

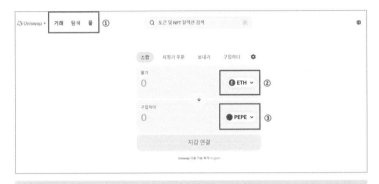

①번 위치에서 다양한 기능을 확인할 수 있다. 팔고자 하는 토큰은 ②에서 확인한 뒤, 구매하려는 토큰을 ③에서 검색한다.

출처: 유니스왑

각자가 구매하고자 하는 토큰을 ③ 위치의 검색창에서 직접 검색해 구입해야 한다. ②의 검색창에 본인이 팔고자 하는 토큰을 선택한 뒤, ③에서 구매하고자 하는 토큰을 검색해 추가하면 된다. 페페를 구매할 경우, 각 네트워크별로 표기가 되어 있다. 토큰을 구매하기 위해서는 메타마스크 지갑에 스왑과 수수료(가스비)를 지급할 수 있는 충분한 양의 토큰이 채워져 있어야 한다.

①에 표기된 설정 창을 눌러보면 최대 슬리피지(Slippage)와 트랜잭션 마감 시간을 지정할 수 있다.
출처: 유니스왑

거래에 앞서 스왑 옵션을 설정해보자. 슬리피지란 사용자가 원래 의도했던 가격과 다른 가격으로 토큰을 매수 또는 매도할 때 일어나는 현상인데 스왑 풀 내의 유동성이 적기 때문에 발생한다. 즉, 슬리피지는 주문을 체결하는 동안 시장 변동으로 인해 손실 또는 이득을 본 금액을 뜻한다. 코인 시세는 변동성이 크고 빠르기 때문에 주문이 들어갈 때와 주문이 실제로 체결되는 짧은 시간 사이에도 시세가 급등락할 수 있다. 따라서 사용자의 예상과 다른 가격에 주문이 체결될 수 있다.

거래가 계속해서 지연되는 경우 슬리피지 허용 오차를 2%에서 3%까지 높인다면 거래가 원활히 이루어질 수 있지만 손해를 볼 수 있다는 단점도 있다.

슬리피지를 허용하지 않고 지정가 주문 기능을 사용할 수도 있

각자가 구매하고자 하는 코인의 수량을 입력하고 '스왑' 버튼을 누르면 밈코인을 구매할 수 있다. 스왑 후에는 메타마스크에서 거래 결과를 확인할 수 있다. 유니스왑은 크롬뿐만 아니라 스마트폰 애플리케이션으로도 이용할 수 있다. 　　　　　　　　　　　　　　　출처: 유니스왑

다. 다만 지정가 주문의 경우 체결되는 데 시간이 오래 걸리거나 아예 체결되지 않을 수 있다는 점도 염두에 두어야 한다.

이제 각자가 구매하고자 하는 코인의 수량을 입력하고 '스왑' 버튼을 누르면 밈코인을 구매할 수 있다.

구매 후에는 메타마스크 지갑으로 돌아가 각자가 매수한 밈코인이 제대로 들어왔는지 확인하면 된다. 이때 수수료가 발생한다. 참고로, 유니스왑은 크롬뿐만 아니라 스마트폰 애플리케이션으로도 이용할 수 있다.

커뮤니티에서 코인을 얻는 방법

탈중앙화 거래소에서 직접 밈코인을 구매하지 않더라도, 에어드롭을 비롯한 여러 이벤트를 통해 무료로 토큰을 얻는 방법도 있다. 물론 엑스와 텔레그램, 디스코드 계정을 보유하고 있어야 하며 일정한 조건을 충족해야만 이벤트 참여가 가능하다.

물론 엑스를 오랫동안 이용해왔고, 여러 인플루언서나 코인 투자자들을 팔로한 상태라면 어렵지 않게 밈코인 관련 이벤트나 정보를 접할 수 있다. 그러나 계정을 처음 만든 사람이라면 당장 누구부터 팔로해야 하는지, 어떻게 이벤트 소식을 접할 수 있는지 막막할 것이다.

이럴 때에는 유명 계정을 먼저 팔로하는 것을 추천한다. 예를 들어 이더리움이나 솔라나 등 레이어1 블록체인과 도지코인, 시바이누 등 대장 밈코인, 비탈릭 부테린과 일론 머스크 등 인플루언서 계정을 팔로하면 이들이 전하는 소식을 볼 수 있다. 그중에는 이들이 지지하거나 기대를 걸고 있는 새로운 밈코인 프로젝트가 있을 수 있다.

두 번째 방법은 엑스의 검색 기능을 활용하는 것이다. 어떤 이벤트가 있는지 알기 위해서는 특정 단어들을 검색하면 된다. 에어드롭(airdrop)이나 기브어웨이(giveaway)를 영어로 검색하면 당첨 시

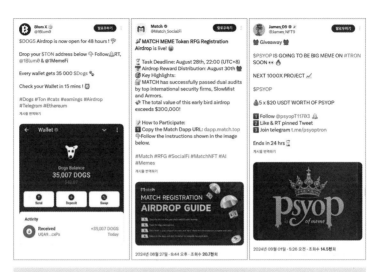

해시태그를 통해 찾아볼 수 있는 밈코인 관련 소식 혹은 이벤트   출처: 엑스

무료로 밈코인을 주는 수많은 이벤트를 볼 수 있다. 그 외에도 이더리움, 솔라나, 트론 등 블록체인의 이름이나 밈(Memes), 밈코인(MemeCoin) 앞에 해시태그(#)를 붙여 검색해도 된다. 이렇게 검색하면 해당 블록체인에서 새롭게 발행된 밈코인의 홍보나 소식, 이벤트 등을 쉽게 찾아볼 수 있다.

엑스에서 해시태그 검색을 해보면 위와 같은 이벤트가 하루에도 몇 개씩 진행되는 것을 알 수 있다. 참여하는 방법 역시 이미지와 함께 적힌 트윗에 보통 설명되어 있는데, 대부분 그 내용은 비슷하다. 프로젝트 공식 계정을 팔로하고, 해당 계정의 글을 몇 개 이상

코인마켓캡에서 확인할 수 있는 코인 관련 이벤트 달력　　　　출처: 코인마켓캡

리트윗하고, 공식 텔레그램 혹은 디스코드에 입장하는 것이다. 네이버 카페에 글을 쓸 때 몇 가지의 조건이 달리는 것과 비슷하다고 생각하면 된다.

　조건을 모두 충족했으면 다이렉트 메시지나 멘션(댓글)을 통해 본인의 지갑 주소를 보내면 참여가 완료된다. 운이 좋을 경우 이벤트에 당첨돼 일정 수량의 밈코인을 받을 수 있으며, 록업(Lock-up, 의무 보유) 기간이 지나면 탈중앙화 거래소에서 거래할 수 있다.

　만약 커뮤니티가 활성화되어 있고, 해당 코인의 비전이나 로드맵이 마음에 든다면 시세가 높아지길 기다렸다가 적정한 가격에 매도할 수도 있다. 혹은 코인을 계속 보유한 채로 커뮤니티에 참여하면서 프로젝트의 성장을 지켜볼 수도 있다. 코인 프로젝트가 이벤트를 진행하는 이유는 함께 성장하는 투자자를 찾기 위해서다.

엑스에서만 이벤트 정보를 얻을 수 있는 것은 아니다. 코인마켓 캡이나 쟁글 등 정보 플랫폼에서도 캘린더 형태로 여러 이벤트를 소개하고 있다. 그러나 엑스에 업데이트되는 소식이 즉각적으로 플랫폼에 반영되는 것은 아니다 보니 참여 기간이 짧거나 선착순으로 진행하는 이벤트인 경우 플랫폼의 캘린더 기능보다는 소셜미디어에서 소식을 얻는 것이 낫다.

어떤 블록체인을 선택할 것인가

이제까지 밈코인을 고르고 투자하는 방법에 대해 알아봤다. 그런데 투자할 밈코인을 찾아볼수록 코인의 수가 너무 많다는 사실을 알게 된다. 블록체인 개발자는 얼마 없는데 이토록 많은 코인을 발행할 수 있는 이유는 현재 이더리움, 솔라나, 트론 등 여러 블록체인이 토큰을 쉽게 발행할 수 있는 구조를 만들어두었기 때문이다. 개발자가 아니더라도 가이드라인을 따라 하면 누구든 토큰을 발행할 수 있다. 물론 토큰을 발행할 때 발생하는 가스비를 지불할 코인은 따로 준비해야 한다.

직접 밈코인을 만들어보기에 앞서 결정할 것이 하나 있다. 여러 블록체인 중 어떤 것을 선택할 것인지 먼저 고민해봐야 한다. 블록체인마다 기술적 강점, 커뮤니티 특성과 더불어 지갑, 토큰을 만들 수 있는 사이트가 모두 달라서 본인이 발행하고자 하는 밈코인이 어떤 블록체인에 적합한지 정보를 수집해야 한다.

예를 들어 이더리움의 경우 역사가 오래됐고 그 어떤 블록체인보다도 생태계가 크다. 그러나 그만큼 디앱과 토큰의 수가 많아서 주목받기 어렵다. 솔라나의 경우 비교적 최근 시작된 프로젝트고 새롭게 부상하고 있는 레이어1 프로토콜이지만 의미 있는 서비스들이 구축되기도 전에 밈코인 열풍이 먼저 불었다. 따라서 아직은 솔라나 기반 생태계의 지속성은 검증하기 어려운 상태다.

처음 토큰을 발행할 때는 이더리움의 ERC-20 토큰 발행 표준을 가장 흔하게 사용한다. 이를 통해 직접 스마트 컨트랙트를 만들고 밈코인을 생성해 배포해보자.

이더리움으로 밈코인 발행해보기

이더리움 개발에 익숙하지 않을 경우 리믹스(Remix)라는 온라인 개발 환경을 사용해 간편하게 토큰을 발행할 수 있다. 리믹스는 솔리디티 프로그래밍 언어로 스마트 컨트랙트 개발과 구축을 지원하는 통합 개발 환경(IDE)을 제공한다. 솔리디티 프로그래밍 언어란 블록체인의 스마트 컨트랙트 작성에 쓰이는 개발 언어다. 브라우저로 사설망이나 테스트넷의 이더리움 블록체인에 연결해 스마트 컨트랙트 배포와 테스트를 할 수 있다.

리믹스 홈페이지(remix.ethereum.org)에서 밈코인을 생성할 수 있다. 홈페이지 상단의 언어 선택란을 클릭하면 언어를 고를 수 있으나, 여기서는 편의상 영어를 기본으로 시작한다.

리믹스 홈페이지의 상단에서 언어를 선택할 수 있다. 여기서는 영어를 선택한다. 이후 시작 페이지의 왼쪽 사이드바에서 '컨트랙트(contracts)' 폴더를 선택한다. 출처: 리믹스

사이드바의 '컨트랙트(contracts)' 폴더에서 두 번째 아이콘인 '새 파일 생성하기(Create new file)'를 클릭한다. 하단에 새롭게 창이 열리면 각자가 원하는 이름으로 파일명을 제작한 뒤 확장자를 sol로 지정한다.　　　　　　　　　　　　　출처: 리믹스

컨트랙트 폴더에서 '새 파일 생성하기(Create new file)' 아이콘을 클릭한다.

각자가 원하는 이름으로 파일을 만든 다음, 확장자명을 'sol'로 설정해야 한다. 이더리움을 개발한 컴퓨터 언어는 솔리디티(Solidity)인데, 솔리디티의 확장자명이 'sol'이기 때문이다. 우리가 그림 파일을 저장할 때 확장자명을 'jpeg'나 'png'로 저장해야 하는 것과 같은 이치다.

ERC-20 토큰으로 스마트 컨트랙트 작성하기

```
     // SPDX-License-Identifier: MIT
1
2    pragma solidity ^0.8.0;
3
4    contract MyToken {
5        // 토큰의 이름과 심볼, 총 공급량을 저장하는 변수
6        string public name = "Goingkim";
7        string public symbol = "GK";
8        uint256 public totalSupply = 1000000;
9
10       // 각 주소별 잔고를 저장하는 매핑
11       mapping(address => uint256) public balanceOf;
12
13       // 계약 생성 시 총 공급량을 계약 소유자에게 할당
14       constructor() {
15           balanceOf[msg.sender] = totalSupply;
16       }
17
18       // 다른 주소로 토큰을 전송하는 함수
19       function transfer(address to, uint256 amount) external {
20           // 보내는 주소의 잔고가 전송하려는 양보다 큰지 확인
21           require(balanceOf[msg.sender] >= amount, "Insufficient balance");    infinite gas
22
23           // 전송
24           balanceOf[msg.sender] -= amount;
25           balanceOf[to] += amount;
26       }
27   }
```

편집 창이 열리면 ERC-20 토큰 스마트 컨트랙트를 제작하면 된다. 코드를 직접 제작해도 되지만, 인터넷에 올라온 다른 이들의 코드를 복사해 붙여넣어도 된다. 다음 페이지에 관련 링크를 게재해두었다. 각자에 맞게 토큰의 이름(name), 약어(symbol), 소수점(decimals), 총 발행량(total supply), 주소(balances)를 기록한다. 출처: 리믹스

리믹스에서 파일을 생성한 후에는 본격적으로 그 파일에 토큰을 생성하기 시작한다. 스마트 컨트랙트 코드를 직접 작성하는 것이다. 코드라고 해도 어려울 것은 없다. 인터넷 상에 많은 이들이 토큰 생성을 위한 코드를 무료로 제공하고 있기 때문에 이를 복사한 뒤 붙여넣으면 된다.*

코드 내용 중 토큰을 발행하고자 하는 사람이 바꿀 수 있는 내용

이 있으므로 이 부분은 직접 수정해야 한다. 그중 우선 자신의 밈코인 이름을 'MyToken'에서 자신이 원하는 이름으로 변경한다(여기서는 Goingkim으로 지정되어 있다). 다음 줄에 이어지는 심볼(symbol)은 생성할 토큰의 약어를 의미하며(여기서는 GK로 설정했다), 소수(decimals)는 코인을 소수점 몇 자리까지 나눌 것인지를 물어보는 항목이다. 총 발행량(total supply)은 말 그대로 토큰의 총 발행량을 의미한다. 여기서는 샘플로 100만 개를 발행했다.

마지막으로 balanceOf[msg.sender] = totalSupply;의 msg.sender 부분에 발행자의 메타마스크 지갑 주소를 입력하면 된다. 다만 이 코드는 수정하지 않아도 스마트 컨트랙트가 성공적으로 만들어지면

● 여기서는 시범용 토큰 발행을 위해 블로거 BLOCKSDK의 〈[Remix IDE] JavaScript를 이용한 ERC-20토큰을 생성하고 배포하는 방법〉에서 배포한 코드를 사용했다. 관련 내용은 검색을 통해 확인할 수 있다. 이외에도 솔리디티 기반의 스마트 컨트랙트를 개발하는 표준 프레임워크인 '오픈제플린'에서 제공하는 표준 코드를 이용할 수도 있다.

https://github.com/OpenZeppelin/openzeppelin-contracts/blob/v2.5.1/contracts/token/ERC20/ERC20.sol

https://github.com/OpenZeppelin/openzeppelin-contracts/blob/v2.5.1/contracts/token/ERC20/IERC20.sol

https://github.com/OpenZeppelin/openzeppelin-contracts/blob/v2.5.1/contracts/GSN/Context.sol

https://github.com/OpenZeppelin/openzeppelin-contracts/blob/v2.5.1/contracts/math/SafeMath.sol

https://github.com/OpenZeppelin/openzeppelin-contracts/blob/v2.5.1/contracts/examples/SimpleToken.sol

자동으로 배포한 메타마스크 계정에 토큰이 전송된다. 각자가 보유한 메타마스크 네트워크는 이더리움으로 설정되어 있어야 한다. 메타마스크에서 네트워크를 변경하는 방법은 앞서 설명해두었다.

컴파일하기

코드를 입력한 뒤 'Solidity compiler'를 클릭하면 각자가 만든 토큰을 컴파일하는 버튼이 있다. 이 버튼을 클릭하고 컴파일이 된 경우 화면 오른쪽 그림처럼 사이드바에 있는 'Solidity compiler' 아이콘에 체크가 표시된 것을 볼 수 있다. 하단에는 발행자가 설정한 이름과 .sol 파일의 이름이 맞다는 것을 확인할 수 있다. 출처: 리믹스

코드를 모두 만들었으니 코인을 발행하기 위해 컴파일(Compile)을 해야 한다. 컴파일이란 사람이 이해하는 언어를 컴퓨터가 이해할 수 있는 언어로 바꾸어주는 과정을 말하는데, 일반적으로는 소스코드를 만든 뒤 실행 파일을 제작하는 과정이라고 보면 된다.

앞의 그림과 같이 사이드바에서 '솔리디티 컴파일러(Solidity Compiler)'를 클릭하면 각자가 만든 토큰을 컴파일할 수 있는 버튼이 생성된다(여기서는 Compile goingkim.sol이다). 이 버튼을 클릭하면 컴파일이 제대로 된 경우 사이드바의 솔리디티 컴파일러 아이콘에 체크 표시가 되어 있는 것을 확인할 수 있다. 하단에는 발행자가 설정한 이름과 '.sol'이라는 확장자가 담긴 파일의 이름이 같은지 확인할 수 있다.

토큰 배포하기

이제 배포할 준비가 끝났다. '디플로이 & 트랜잭션 실행(Deploy & run transactions)' 버튼을 클릭한다. 디플로이는 소프트웨어 개발 과정에서 컴파일된 코드를 실행 가능한 상태로 만들고, 사용자가 접근 가능한 환경에 배치하는 과정을 의미한다. 다시 말해, 이 버튼은 자신이 만든 스마트 컨트랙트를 실행하는 과정이라고 보면 된다.

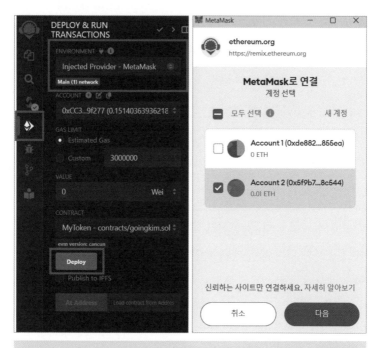

디플로이 및 트랜잭션 실행(Deploy & run transactions) 버튼을 클릭한 뒤 상단의 환경
(Environment) 부분을 메타마스크(Injected Provider – MataMask)로 변경해준다. 지
갑 주소를 결정한 뒤 확인 버튼을 누르면 메타마스크와 연결할 수 있다.

출처: 리믹스

화면 상단의 '환경(Environment)'의 '인젝티드 프로바이더(Injected
Provider)'를 메타마스크(MetaMask)로 변경한다. 이처럼 설정하면 브
라우저의 메타마스크에서 연결을 요청하는 알람이 오게 되는데, 지
갑 주소를 결정한 뒤 확인 버튼을 눌러주면 된다. 메타마스크가 정
상적으로 연결된 후에는 '디플로이(Deploy)' 버튼을 누른다.

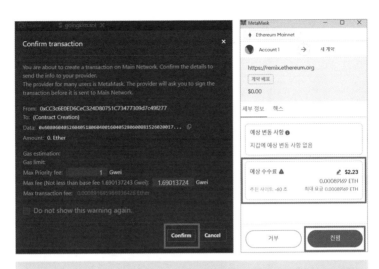

디플로이(Deploy) 버튼을 누르면 왼쪽 그림과 같이 수수료 설정창을 확인할 수 있다. 작업을 진행하기 위해서는 각자의 메타마스크 지갑에 이더리움이 있어야 한다. 수수료는 매번 달라진다.

출처: 리믹스

디플로이(Deploy) 버튼을 누르면 수수료 설정 창이 나온다. 음식을 만들 때 재료비가 드는 것처럼, 토큰을 발행하기 위해서는 수수료를 지불해야 한다. 수수료는 발행자의 메타마스크 지갑에서 자동으로 빠져나가기 때문에 미리 메타마스크에 충분한 이더리움을 채워놔야 한다. 앞서 메타마스크 이용 방법에서 설명한 것처럼 업비트나 빗썸과 같은 중앙화 거래소에서 이더리움을 구매한 후 자신의 메타마스크 지갑으로 이체하면 된다.

수수료로 지불할 이더리움을 준비한 후 '확인(Confirm)' 버튼을

계약 배포   ✕

상태   블록 탐색기에서 보기
컨펌됨   트랜잭션 ID 복사

발신   **수신**

0xCC3c6...9... →   새 계약

트랜잭션
논스   19
금액   **-0 ETH**
가스 한도 (단위)   527582
가스 사용됨 (단위)   522270
기본 수수료(GWEI)   1.599725024
우선 수수료(GWEI)   0.090412219
총 가스비   0.000883 ETH
     $2.18 USD
가스당 최대 수수료   0.000000002 ETH
     $0.00 USD

토큰 배포가 완료되면 메타마스크에서 완료됐다는 메시지를 확인할 수 있다. 또한 '블록 탐색기에서 보기'를 클릭하면 이더스캔에서 발행된 코인과 토큰 계약 주소를 확인할 수 있다.

출처: 메타마스크

누르면 메타마스크에서 트랜잭션 처리를 위해 수수료가 발생한다는 알림이 온다. 수수료가 얼마나 발생하는지 확인한 후 컨펌(확인) 버튼을 누르면 배포가 진행된다.

토큰 발행과 배포에 걸리는 시간은 이더리움에서 현재 얼마나 트랜잭션이 많이 발생하느냐에 달려 있기 때문에 정확히는 예상하기 어렵다. 빠를 때는 몇 분 안에 되기도 하지만, 생각보다 오래 기다려야 하는 때도 있다. 이때는 메타마스크 상단의 '상태(Setting)'에서 '블록 탐색기'를 통해 진행 상황을 확인하면 된다. '블록 탐색기' 버튼을 누르면 이더리움의 트랜잭션 상태를 확인할 수 있는 이더스캔 사이트로 이동된다.

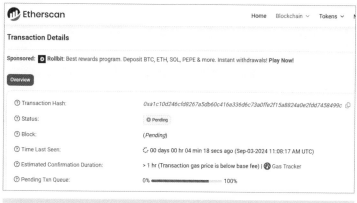

이더스캔 사이트에 확인할 수 있는 계약 배포 상태다. 맨 아래를 보면 현재 진행상황을 알 수 있으며, 그 윗줄에서는 예상 시간도 볼 수 있다.　　　　　　출처: 이더스캔

위 화면은 이더스캔 사이트에서 확인할 수 있는 계약 배포 상태다. 제일 아래에서 진행 상황을 알 수 있으며, 그 윗줄에서는 작업 예상 시간도 확인할 수 있다.

배포된 토큰을 내 지갑에 추가하기

토큰 배포가 완료되면 메타마스크에서 '계약 배포-컨펌됨'이라는 메시지가 온다. 토큰 배포가 완료됐다는 표시다.

출처: 메타마스크

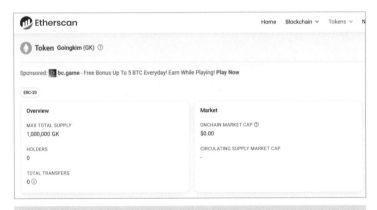

다시 이더스캔으로 가서 자신이 만든 토큰 이름을 검색해보면 토큰이 제대로 생성된 것을 확인할 수 있다.

출처: 이더스캔

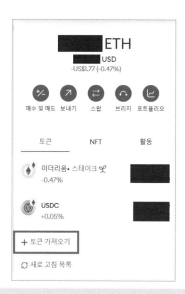

자신이 발행한 토큰을 시장에 유통하려면 만들어진 코인을 내 메타마스크에 추가해야 한다. 다시 메타마스크 첫 화면으로 이동해 '토큰 가져오기'를 클릭한다. 출처: 메타마스크

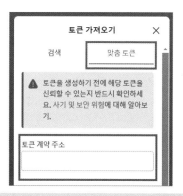

토큰 가져오기를 누르면 '맞춤 토큰'이라는 탭을 볼 수 있는데, 여기에서 토큰 계약 주소를 입력해야 한다. 토큰 계약 주소는 이더스캔이나 리믹스의 디플로이 컨트랙트(Deployed Contracts) 메시지에서 그 내용을 확인한 후 복사해 붙여넣으면 된다. 출처: 메타마스크

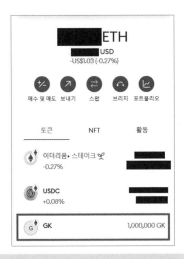

정상적으로 토큰이 추가되면 다음과 같이 새로 발행한 코인이 성공적으로 메타마스크에 추가된 것을 볼 수 있다.
출처: 메타마스크

이 과정을 모두 완수했다면 당신도 밈코인을 만든 것이다. 코인 이름을 지을 때 유행하는 밈에서 이름을 따와 코인을 발행하면 밈코인이 된다. 뚜렷한 사업 목적을 둘 것인지, 아니면 오락용으로 만들 것인지는 발행인의 판단에 달렸다.

코인 발행은 시작에 불과하다

이처럼 코인 발행 자체는 어렵지 않다. 코딩을 해보지 않은 초보자라 해도 순서대로 따라 하면 금세 밈코인을 발행할 수 있다. 게다가 이미 수많은 블로거들이 자세히 설명해둔 자료나 유튜브 강의도 많다. 따라서 밈코인을 만들고자 한다면 얼마든지 쉽게 발행할 수 있을 뿐만 아니라 탈중앙화 거래소에 거래 풀을 만들어 직접 상장하는 것도 가능하다.

그러나 코인 발행보다 더 어려운 것이 있다. 앞서 설명했던 토크노믹스 설계, 유틸리티 확보, 커뮤니티 구축과 유지 등이다. 이런 요소들은 본격적으로 사업을 펼치는 데 중요하기 때문에 전문 인력이 필요하다. 페페처럼 밈코인으로서의 역할에 충실하고 싶다면 토크노믹스나 유틸리티는 후순위로 미뤄도 된다. 그러나 커뮤니티를 만드는 것은 어찌 보면 이 둘보다 더 어려운 일이다. 토크노믹스나 사업 설계의 경우, 전문가라고 할 수 있는 인력도 많고 웹2.0에서 경력을 쌓은 이들이 유입되면 충분히 사용 가능한 유틸리티를 만들 수도 있을 것이다.

그러나 커뮤니티를 만들고 유지할 수 있는 전문 인력이란 존재하지 않는다고 봐도 무방하다. 커뮤니티가 만들어질 수 있는 환경을 조성할 수는 있지만 많은 사람이 지속적으로 이용하고 활발하게 소통할 수 있도록 이끄는 것은 소수의 프로젝트 팀원이 아니라 커뮤니티 참여 주체들이기 때문이다. 사람이 많은 곳, 소위 말하는 '핫플'일수록 더 가보고 싶고 해당 집단의 일원이 되고 싶어하는 것은 인간의 공통된 심리다.

웹3.0은 커뮤니티를 기반으로 움직이는 산업이다. 그중에서도 밈코인은 이러한 성격이 가장 강하다고 볼 수 있다. 다행히 최근 몇 년 동안 블록체인 산업의 메커니즘에 대한 사람들의 이해도가 크게 향상됐으며, 코인과 커뮤니티가 결합한 성공사례도 점차 늘고 있어 참고할 만한 프로젝트가 많아졌다. 앞서 설명한 도지코인, 시바이누, 페페가 대표적일 것이다. 밈코인을 발행했다면 성공한 코인들을 자세히 살펴보며 이후 프로젝트를 진행하는 것을 추천한다.

토큰 홍보하기

토큰을 만들었다면 이를 홍보하고, 토큰 홀더(밈코인 소유자)들과 소통할 수 있는 커뮤니티를 만들어야 한다. 커뮤니티를 어떻게 만들고 유지할 것인지에 대해 정해진 법칙은 없다. 과거에는 오프라인으로 코인 투자자들을 모아두고 설명회를 여는 '밋업(Meet-Up)'을 많이 열었다. 백화점이나 쇼핑몰 등에서 신상품을 알리기 위해 여는 기간제 팝업스토어와 비슷한 행사라고 생각하면 된다.

밋업에서는 코인 사업설명회(ICO)를 하기 전에 일단 이 코인이 어떤 코인인지 알아보고, 현장에서 프로젝트 팀원들을 만나 직접 질의응답을 할 수 있었다. 당시에는 오프라인 행사에 가서 QR 코드를 인식하거나 코인 발행 업체가 만든 애플리케이션이나 서비스에 가입한 후 인증을 해야만 에어드롭을 받을 수 있었다.

그러나 에어드롭으로 받은 코인이 거래소에 상장되어야만 매도 후 현금화할 수 있었으므로 투자자들은 상장이 될 법한 코인의 밋업만 찾아다녔다. 상대적으로 인기가 덜한 코인들은 투자자들을 끌어모으기 위해 멋진 다과를 제공하거나 코인이 그려진 텀블러, 외장하드, 티셔츠, 우산 등을 선물로 주기도 했다.

그러나 2020년대로 들어오면서 텔레그램 사용량이 늘었고, 코로나19 시기에 오프라인 행사가 불가능해지자 텔레그램보다 게시판을 세분화해 커뮤니티로서의 기능에 집중할 수 있는 디스코드가 코인 커뮤니티의 주요 소통 창구로 자리 잡았다. 무엇보다 일론 머스크와 도널드 트럼프 등 유명인들이 본격적으로 소셜미디어의 인플루언서로 활동하며 영향력을 행사하자 엑스 사용자가 급격히 늘었다. 엑스 역시 소통 창구로서 많은 사람들이 이용하고 있다. 인플루언서의 트윗이 시장에 미치는 영향이 크기 때문에 어떤 트윗이 올라오는지 즉각 확인해야 했기 때문이다.

지금도 밋업을 여는 곳이 종종 있기는 하지만 드물며, 엑스나 텔레그램, 디스코드를 활용해 '질문 코너(AMA, Ask me anything)'를 열거나 언제든 팀원들에게 질문을 남기고 답변을 받을 수 있도록 Q&A 게시판을 만들어두기도 한다.

커뮤니티 운영은 어떻게 이루어지고 있나

대표적인 밈코인 프로젝트를 통해 각자 커뮤니티를 어떻게 운영하는지 살펴보자.

트위터, 그리고 지금은 X

엑스 계정을 만들거나 이곳에 사진과 동영상 등의 미디어를 업로드 하는 것은 어렵지 않다. 문제는 어떻게 운영하느냐다. 비교적 최근에 코인을 발행한 밈코인인 페페언체인드(Pepe Unchained)를 통해 계정 운영에 대한 아이디어를 얻을 수 있다.

페페언체인드 홈페이지(pepeunchained.com)

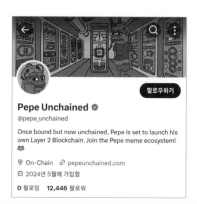

페페언체인드의 공식 소셜미디어 계정   출처: 엑스

페페언체인드를 완전한 밈코인으로 보기는 어렵다. 이름에서 알 수 있는 것처럼 페페를 전면에 내세우고는 있지만 사실 페페언체인드는 레이어2 블록체인을 개발하는 것에 중점을 두고 있기 때문에 밈보다는 기술 코인에 가깝다. 이처럼 단순히 밈코인이 아니라 블록체인을 개발하고 있다는 정체성을 드러내는 것도 엑스 프로필의 역할이다.

따라서 엑스 계정을 만들 때는 대략적인 정보와 함께 공식 홈페이지 링크를 게재해야 한다. 특히 투자자들이 토큰을 구매하는 방법과 백서, 로드맵 등을 확인할 수 있어야 하기 때문이다. 특히 토큰 판매를 앞두고 있는 시기에는 프로필에 토큰 판매 날짜와 가격 등을 써두는 것도 좋은 방법이다.

일반적으로 엑스의 자기소개란에는 일반적으로 긴 글을 쓰지 않는다. 또한, 투자자들은 수많은 밈코인 계정을 팔로하기 때문에 모든 프로젝트의 공식 홈페이지를 하나하나 들어가 보지도 않는다. 따라서 '메인 트윗' 기능을 활용하는 게 중요하다.

다음 그림과 같이 페페언체인드의 경우 개발 중인 레이어2 프로젝트는 단 네 개의 문장으로 설명해두었다. 그러나 밈코인으로서의 정체성도 유지할 수 있도록 페페 이미지도 첨부했다. 이처럼 엑스

페페언체인드 프로젝트가 메인에 올려둔 프로젝트 소개(왼쪽)
페페언체인드의 프리세일을 알리는 내용(오른쪽)　　　　　　　출처: 엑스

운영 시에는 프로젝트가 초기에 설정했던 콘셉트와 정체성을 유지하는 게 중요하다.

앞 페이지 오른쪽 그림의 경우 페페언체인드가 프리세일을 시작했을 때 올린 트윗이다. 앞서 설명했듯, 세일이란 코인을 투자자들에게 판매해 사업에 필요한 자금을 조달하는 것을 말한다. 대부분의 프로젝트는 코인을 발행한 후 시기를 정해 프라이빗 세일, 퍼블릭 세일을 나눠 실시한다. 프라이빗 세일의 가격이 퍼블릭 세일보다 보통은 낮게 책정되기 때문에 여기에 참여하려면 몇 가지 조건을 달성해야 한다.

예를 들어 세일 전에 진행한 이벤트에 당첨이 되거나, 미리 엑스나 텔레그램 채널에 들어와 초기 참여자로 인정받았을 때 프라이빗 세일에 참여할 수 있다. 물론 이것은 세일 전부터 인기가 많은 코인이거나 투자자들로부터 큰 기대를 모으고 있는 경우에만 해당된다. 많은 코인 프로젝트들이 제대로 홍보를 하지 못해 코인 전량을 판매하는 데 실패하곤 한다. 따라서 토큰 세일을 시작하기 한참 전부터 시작하는 날까지 빠짐없이 트윗을 올리고 투자자들과 적극적으로 소통하면서 코인을 홍보해야 한다.

텔레그램이나 디스코드 채널을 오픈했을 때도 트윗을 통해 홍보해야 한다. 자기소개란에 링크를 올려둔다고 해서 투자자들이 열정적으로 찾아 들어오지 않기 때문이다. 홍보용 트윗이 많이 리트윗

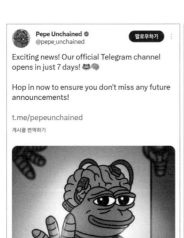

페페언체인드 텔레그램 채널 오픈 소식을 알리는 글(왼쪽)
프로젝트 개발에 열중하고 있다는 것을 보여주기 위한 글(오른쪽)

출처: 엑스

된다면 코인 보유자인 홀더가 아니더라도 호기심에 이끌려 텔레그램 채널에 입장했다가 커뮤니티의 화력(인기)을 보고 코인 매수를 결정할 수도 있다.

오른쪽 위 그림의 경우 별다른 정보도, 내용도 없어 보이지만 사실 매우 중요한 트윗이다. 페페언체인드는 자체적으로 블록체인을 개발하고 있어서 텔레그램 채널 오픈이나 토큰 세일 관련 트윗 이후 블록체인이 개발될 때까지의 기간이 길 수밖에 없다. 대다수 홀더들이 이 사실을 알고 있지만, 코인을 판매하고 잠적해버리는 '러 그풀' 사례가 많다 보니 일정 기간 이상 공식 소셜미디어 계정에 아무런 소식이 올라오지 않으면 투자자들은 불안해진다. 뿐만 아니라 커뮤니티 자체가 조용해지기도 한다.

이와 같은 현상을 방지하기 위해 밈코인 프로젝트들은 다양한 트윗을 올리며 자신들이 열심히 개발 중이라는 메시지를 전한다. 그 외에도 GM(Good Morning), GN(Good Night) 등의 메시지를 종종 업로드한다. 딱히 의미는 없지만, 프로젝트 담당자들이 개발에 열중하고 있으며 커뮤니티에 관심을 기울이고 있다는 메시지를 전하기 위해서다.

텔레그램과 디스코드

NFT 열풍이 돌았던 당시에는 디스코드가 주요 커뮤니티 채널로 많이 쓰였지만, 채팅방을 운영하는 로봇 기능이나 가입과정 등이 초보자에게는 어렵게 느껴지는 측면이 있어 최근에는 다시 텔레그램으로 공식 채널이 넘어오는 추세다.

텔레그램도 이전에는 단순히 채팅방의 역할만 했지만, 지금은 여러 카테고리로 나눠 채팅창을 분류할 수 있는 기능이 있어 디스코드와 별반 차이가 없게 됐다. 밈코인을 발행한 경우 충성도 높은 유저들, 즉 홀더들을 모아두기 위해 텔레그램과 디스코드 둘 중 하나는 반드시 운영해야 하지만 두 개를 모두 운영할 필요는 없다. 파편화된 소셜미디어를 일일이 신경 쓰기보다는 몇 개의 계정을 집중해서 운영하는 편이 낫다.

투자자들이 텔레그램과 디스코드 채널에 입장하는 방법은 다양하다. 텔레그램 내 검색 기능을 통해 직접 코인 이름을 찾아 들어갈 수도 있지만, 검색되는 채널이 너무 많으므로 추천하는 방법은 아니다. 각 코인의 공식 엑스 계정 프로필에 적혀 있는 링크를 통해 들어가거나, 코인 종합 정보 플랫폼인 코인마켓캡 혹은 코인게코에서 코인명을 검색하면 텔레그램과 디스코드 링크가 연결되기 때문에 이러한 방법으로 입장하는 것이 더 수월하다.

그럼 밈코인 프로젝트인 봉크와 플로키를 통해 각 프로젝트의 텔레그램과 디스코드를 어떻게 찾아야 하는지, 그리고 각 프로젝트들이 투자자들과 어떻게 소통하고 있는지 살펴보자.

텔레그램

텔레그램은 이미 한국인에게 익숙한 메신저 서비스다. 국민 메신저인 카카오톡과 마찬가지로 회원가입 시 자동으로 연락처에 저장된 사람을 텔레그램 친구 목록에 추가할 수 있으며 1:1 대화도 가능하다. 하지만 코인 투자자들은 주로 자신이 투자한 코인의 공식 텔레그램 채널에 참여해 소통하기 위한 용도로 사용한다.

봉크의 공식 엑스 계정 자기소개(왼쪽)를 보면 봉크의 여러 소셜미디어 계정을 한꺼번에 볼 수 있는 링크트리 주소를 볼 수 있다. 이 링크를 타고 들어가면 엑스, 디스코드, 텔레그램, 인스타그램, 유튜브, 틱톡 등 다양한 소셜미디어뿐만 아니라 공식 웹사이트와 미디엄, 봉크를 거래할 수 있는 거래소로 이동할 수 있는 링크트리 페이지(오른쪽)가 열린다. 출처: 엑스

봉크의 엑스 공식 채널에 있는 링크트리(여러 링크를 모아 정리해 둔 페이지)를 이용해 텔레그램 채널에 입장하면 다음과 같은 채팅방 들을 확인할 수 있다. 코인 텔레그램 채널에 처음 접속한 사람은 채 팅방의 수가 너무 많아 어디부터 보아야 하는지 몰라 헷갈릴 것이 다. 그러나 자세히 들여다보면 투자자들이 대화를 자주 나누는 방

봉크의 텔레그램 채널 채팅방 목록

출처: 텔레그램

봉크 텔레그램 채널의 FAQ 방(왼쪽)
봉크 텔레그램 채널의 Memes 방(오른쪽)

출처: 텔레그램

은 몇 개 되지 않는다.

가장 많은 대화가 오가는 방은 '제너럴 챗(General Chat)'으로 아무 이야기나 할 수 있는 자유로운 채팅방이다. 반면 '봉크 토크(Bonk Talk)'는 봉크에 대한 이야기만 할 수 있다. 그리고 모든 채널이 영어로 소통하지만 '한국인(Korean)' 채팅방은 한국인 투자자들이 모여 한국어로 대화할 수 있는 방이다.

코인 발행 업체가 공지하는 내용이 올라오는 방은 '안내(Announ-cements)', 투자자들과의 질의응답이 이루어지는 방은 '질문방(FAQ)', 봉크의 N차 창작 밈이 올라오는 방은 '밈(Memes)'으로 분류해두었다.

봉크의 텔레그램 채널은 코인 프로젝트 커뮤니티의 정석과 같다. 대다수의 코인 프로젝트들이 이처럼 텔레그램이나 디스코드를 운영한다. 따라서 투자자들은 한 개의 코인 텔레그램 채널 이용에 익숙해지면 다른 밈코인의 텔레그램 채널도 어렵지 않게 적응할 수 있다.

코인 발행 업체 입장에서 처음 텔레그램이나 디스코드를 운영한다면 우선 유명한 밈코인 채널에 참여해 이들이 어떤 식으로 카테고리를 분류했는지 참고하면 된다. 채팅방을 너무 많이 분류해두면 홀더들의 채팅이 분산되기 때문에 메시지 양이 적은 방은 과감히 없애고 필요한 곳만 추려 운영하는 것도 좋은 방법이다.

디스코드

디스코드는 대다수 한국인에게 아직 익숙하지 않은 채팅 서비스다. 디스코드 역시 텔레그램과 마찬가지로 한 개의 채널에 여러 개의 채팅방을 둘 수 있지만, 부가적인 기능이 훨씬 많다. 단체 보이스 채팅, 화면 공유뿐만 아니라 자동으로 계속 글을 올려주는 봇(Bot)과 같은 기능도 추가할 수 있다. 봇이란 말 그대로 사람이 아닌 로봇이 채팅을 비롯한 여러 기능을 수행하는 것이다.

예를 들어 채팅방에 욕설이나 비방이 올라왔을 경우 주의를 시키는 봇, 참여자가 신청하는 노래를 틀어주는 봇, 대화를 많이 한 사람에게 경험치를 주는 봇, 끝말잇기 게임 봇 등 그 종류도 다양하다. 10대나 20대의 아이돌 팬덤이나 게임 이용자들은 디스코드를 자주 이용해왔지만, 기능이 많다는 점은 오히려 복잡하고 어렵다고 여겨질 수 있어서 30대 이상부터는 선호도가 낮다. 그러나 코인 투자자들은 젊은 세대가 많은 편이기 때문에 디스코드도 중요한 커뮤니티 역할을 하고 있다.

플로키의 디스코드를 들어가보자. 코인 종합 정보 플랫폼인 코인마켓캡에서 플로키를 검색해보면 이처럼 플로키의 소셜미디어 계정에 입장할 수 있는 여러 아이콘이 보인다. 그중에서 디스코드를 클릭하면 된다. 앞서 봉크와 같은 방식으로 공식 엑스 계정의 링크트리를 클릭해도 된다. 물론 이에 앞서 디스코드 애플리케이션을 먼저 설치해야 한다.

디스코드 아이콘을 누르면 플로키 디스코드 채널에 입장하겠느냐는 알림창이 뜬다. 여기서 '초대 수락하기'를 누르면 플로키 디스코드에 입장할 수 있다. 일반적으로 네이버나 다음 카페에 가입할

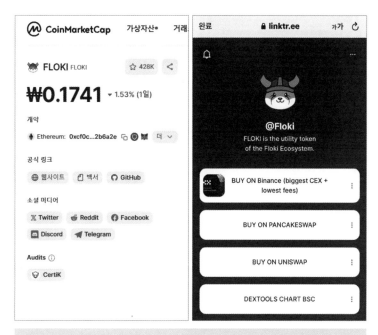

코인마켓캡에서 플로키를 검색하자 왼쪽 사이드바에서 사진과 같이 여러 소셜미디어 계정으로 들어갈 수 있는 아이콘을 볼 수 있다.
출처: 코인마켓캡

때 가입수칙이나 정회원 달성 조건 등을 읽어본 기억이 있을 것이다. 디스코드 역시 입장하자마자 회원이 되는 것은 아니다. 채널 운영자가 만들어 둔 서버 규칙을 읽고 동의해야만 참여가 완료된다.

디스코드 참여가 완료되면 플로키 디스코드 채널의 다양한 채팅방을 볼 수 있다. 앞서 봉크의 텔레그램 채널도 채팅방이 많았지만, 플로키는 더 많다. 그 이유는 디스코드가 텔레그램보다 더 많은

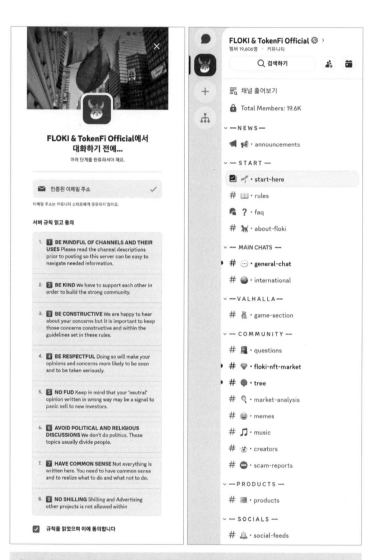

플로키 디스코드 입장 시 확인할 수 있는 서버 규칙(왼쪽)과 채널 채팅방 목록(오른쪽)

출처: 디스코드

기능을 지원하기 때문이다. 예를 들어 일상적인 대화를 할 수 있는 '일반 대화창(general chat)', 질의응답을 할 수 있는 '질문(questions)', 코인 보유자들이 직접 만든 N차 밈을 공유하는 '밈(memes)' 등의 채팅방은 비슷하게 개설돼 있다. 단, 음악을 들을 수 있는 '음악(music)'이나 참여자들과 게임을 즐길 수 있는 '게임(games)' 등은 디스코드의 여러 로봇 기능이 추가되어야만 운영할 수 있는 채팅방이다. 텔레그램이 채팅방의 기능에 좀 더 충실하다면 디스코드는 공용 업무 메신저와 비슷하다고 볼 수 있다.

앞서 언급했던 것처럼 디스코드는 여러 기능이 있기 때문에 이를 얼마나 잘 다룰 수 있느냐에 따라 운영 성패가 갈린다. 너무 많은 채팅방을 운영하면 복잡해지고 대화가 분산되며 커뮤니티의 기능을 상실한다. 그리고 운영자가 봇을 추가할 줄 모르면 차라리 텔레그램을 사용하는 편이 낫다. 디스코드 운영 난도는 높은 편이며 사용자들도 여전히 익숙하지 않기 때문에 한 개의 코인 프로젝트가 텔레그램과 디스코드를 동시에 운영할 경우 일반적으로 텔레그램 참여자가 훨씬 많은 편이다.

커뮤니티 매니저의 역할

엑스, 디스코드, 텔레그램 등 커뮤니티를 운영하면서 홀더들과 적극적으로 소통하기는 사실 쉽지 않은 일이다. 시세가 오를 때는 분위기가 좋지만, 반대로 시세가 떨어질 때는 프로젝트에 대한 비관적인 메시지나 욕설이 오가기도 한다. 이를 무시하며 넘길 수는 없는 일이다. 커뮤니티의 분위기가 안 좋다고 해서 프로젝트 담당자들마저 커뮤니티를 외면해버린다면 밈코인 보유자(홀더)들은 금세 흥미를 잃고 떠나버린다. '악플보다 무서운 게 무플'이라는 말이 있듯이, 관심도가 낮아진 프로젝트는 빠르게 수명을 다한다.

이 때문에 어느 정도 규모가 갖춰진 프로젝트들은 커뮤니티 매니저를 따로 고용한다. 이 경우, 커뮤니티 매니저는 프로젝트 개발과는 직접적인 상관이 없는 업무를 담당하기 때문에 필수 인력으로 취급되지 않고 고용 검토에서는 후순위로 밀리는 경향이 있다. 그러나 밈코인은 다른 어떤 코인보다도 커뮤니티가 중요하며, 커뮤니티가 가격을 결정한다고 해도 과언이 아니다. 따라서 밈코인 프로젝트라면 필수적으로 소셜미디어에 대한 지식이 많고, 코인과 관련된 계정 운영 경험이 있는 커뮤니티 매니저를 따로 고용할 것을 추천한다.

커뮤니티 매니저가 하는 일이 따로 정해져 있는 것은 아니지만,

프로젝트에 필요한 커뮤니티와 소셜미디어 관련 업무는 대부분 처리한다. 그 영역은 일반적으로 다음과 같다.

- 참여자들의 채팅과 커뮤니티 참여 유도

- 이벤트 기획 및 참여 유도

- 주요 공지 발표

- 악성 회원 제지

- 문의 대응

- 공식 블로그나 홈페이지 운영

- 오프라인 행사 준비

여기에 더해, 커뮤니티 매니저는 밈코인의 경우 엑스를 비롯한 소셜미디어에 업로드할 이미지를 직접 제작하기도 한다. 홀더와 참여자가 많은 경우에는 매니저 한 명이 담당할 수 없으므로 여러 명을 고용하기도 하며 홀더 중에서 자원봉사자를 구하거나 프리랜서 형태로 커뮤니티 관리자 계약을 맺는 경우도 많다.

4부

밈코인의 대장이
되기 위하여

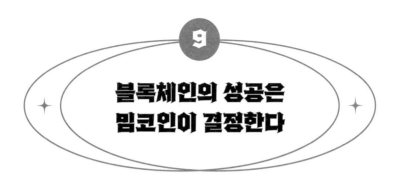

블록체인 생태계와 밈코인의 공생관계

최근 블록체인 시장을 살펴보면 밈코인이 더 이상 밈에 머무르지 않고 블록체인의 활성화를 위해 필요한 도구가 되었다는 인상을 받게 된다. 블록체인은 기술이다. 기술이 많이 쓰이려면 서비스가 필요하다. 도로를 만들어도 지나다니는 자동차가 없으면 쓸모가 없어지는 것과 마찬가지다.

최근 들어 블록체인이라는 도로에서 가장 많이 지나다니는 자동차는 밈코인이 됐다. 지금까지 블록체인 기반 헬스케어, 게임, 금융, 소셜미디어 등 수많은 서비스가 만들어졌지만 블록체인의 트랜잭션을 괄목할 만큼 성장시킨 사례는 드물었다. 2019년 디파이가 대

유행하면서 시장이 크게 성장했고, 이후 NFT, P2E 게임이 연계되면서 사용자들도 많이 늘어났다. 그러나 이와 같은 현상도 2022년 테라-루나 사태와 FTX 파산 사태를 거치면서 시들해졌다.

투자자들이 다음으로 향한 곳은 밈코인이다. 디파이와 NFT 열풍이 식었다고 해도 기술은 사라지지 않고, 투자자들도 다른 곳으로 떠나지 않는다. 기술은 여전히 남아 다른 서비스 개발에 쓰이며, 투자자들은 여전히 코인 시장 내에서 투자할 만한 다른 코인을 찾는다.

암호화폐의 트렌드는 밈코인으로 넘어왔지만 디파이나 P2E, NFT와 결론적으로 시장에 미치는 영향은 같다고 볼 수 있다. 밈코인은 블록체인의 트랜잭션을 증가시킨다. 앞서 설명했듯, 트랜잭션이란, 코인을 전송, 수신할 때 저장되는 거래 기록이다. 하나의 트랜잭션은 고유한 ID(트랜잭션 해시값*)를 가지며, 이를 이용해 코인 전달 여부, 그리고 거래 정보의 유효성을 검사한다.

코인의 거래량이 많아 블록체인에서 더 많은 트랜잭션이 발생할수록 네트워크는 점차 정체되고 느려진다. 결론적으로 트랜잭션을 작동시키기 위해 연료처럼 소모되는 비용인 가스비가 증가하게 된다. 가스비는 일종의 블록체인 이용요금으로, 거래할 때마다 세금처럼 자동으로 내게 된다.

블록체인의 가스비는 당연히 해당 블록체인에서 발행된 코인으

로 지불해야 한다. 한국에서 고속도로 통행료를 달러가 아닌 원화
로 지급해야 하는 것과 같은 이치다. 예를 들어 이더리움 네트워
크에서 토큰을 전송할 때의 가스비는 'gwei'라는 단위로 표시되며,
1gwei는 0.000000001ETH에 해당한다. 폴리곤 블록체인에서 토
큰을 전송할 때는 가스비로 폴리곤 코인인 매틱(MATIC)을 내야
한다.＊

수요과 공급의 원칙에 따라 블록체인 이용자가 많아지면 가스비
가 비싸진다. 밈코인의 거래가 활발하게 일어나는 것 역시 트랜잭
션이 증가하는 것이기 때문에 결국 가스비 증가로 이어지며, 이것
은 코인의 시세 상승을 이끌게 된다. 일종의 킬러앱이라고 할 수 있
는 디앱이나 서비스가 나오는 게 블록체인에 있어서 매우 중요한

＊   트랜잭션 수수료로 지불되는 코인이 어떻게 처리되는지는 블록체인에 따라 다르지만, 대부분
소각되거나 일정 비율을 밸리데이터(Validator)에게 지급한다. 밸리데이터란 노드라고도 불리는데,
블록체인의 블록을 생성, 검증 및 승인하며 네트워크의 안정성과 신뢰성을 유지하는 역할을 한다.

과제인 셈이다.

밈코인이 유행하면서 이제 밈코인의 흥행은 해당 코인이 발행된 블록체인의 성공 여부를 결정지을 수 있는 중대 사안이 됐다. 특히 밈코인을 위시하면서도 촘촘한 토크노믹스와 디파이 서비스까지 마련하는 경우 단순히 토큰에 머물지 않고 자체 생태계를 만드는 것이기 때문에 블록체인 전반에 큰 영향을 준다. 실제로 일부 밈코인들은 블록체인을 알리고 활성화하는 데 큰 역할을 했다.

블록체인 거래 활성화를 이끈 밈코인들

솔라나와 봉크

봉크는 솔라나 블록체인 기반으로 발행된 밈코인이다. 과장을 보태자면 솔라나의 구원자라고 볼 수도 있다. FTX 파산 사태가 터진 후 시장에서는 솔라나가 재기하기 어려울 것이라고 예상했다. FTX와 샘 뱅크먼프리드는 솔라나의 가장 큰 지지자였기 때문에 이들의 파산 소식은 곧 솔라나의 약세를 의미했다. 이제 막 시작된 솔라나의 생태계가 꽃을 피워보지도 못하고 시들어버릴 것이라는 게 대다수 업계 참여자들의 생각이었다.

봉크는 이처럼 솔라나 생태계가 가장 힘든 시기를 겪고 있을 때 토큰을 출시했다. 솔라나 생태계 내 활동을 촉진하고 커뮤니티를 돕기 위해 토큰 출시 직후 솔라나 사용자, 개발자 및 창작자들에게 총 공급량의 무려 50%를 지급했다. 이는 솔라나 생태계가 회복하는 데 큰 도움이 되었고, 이후《블룸버그(Bloomberg)》와《바이스 뉴스(Vice News)》등 유명 금융 및 기술 매체에서 다뤄지는 등 언론의 주목을 받으며 본격적으로 성장하게 됐다.

솔라나의 생태계 활성화와 시세 상승에 봉크가 어느 정도의 영향력을 미쳤는지는 솔라나의 차트만 봐도 알 수 있다. 2021년 말부터 2022년 초, 32만 원에 달했던 솔라나의 시세는 2023년초 1만 원대까지 떨어졌다. 가격 회복은 거의 불가능해 보였고 아무도 솔라나에 기대를 걸지 않았다. 그러나 2023년 말부터 솔라나는 다시 회복세를 보이기 시작하더니 2024년 초에는 다시 20만 원대까지 회

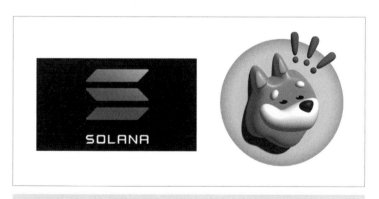

솔라나와 봉크의 심볼 이미지

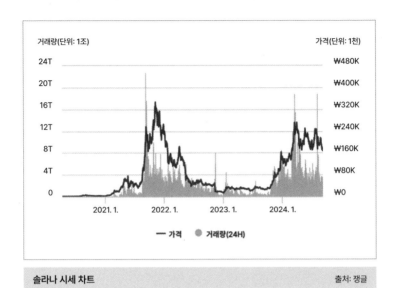

거래량(단위: 1조)   가격(단위: 1천)

24T ─── ₩480K
20T ─── ₩400K
16T ─── ₩320K
12T ─── ₩240K
8T ── ₩160K
4T ── ₩80K
0 ─── ₩0
        2021. 1.   2022. 1.   2023. 1.   2024. 1.

              ── 가격   ● 거래량(24H)

솔라나 시세 차트   출처: 쟁글

복했다. 국내 거래소인 업비트에서는 김치 프리미엄(한국 내에서 거
래되는 코인의 시세가 해외 거래소 시세보다 높은 현상)이 붙어 30만 원
대에 거래되기도 했다. 경쟁자라고 할 수 있는 다른 블록체인들이
활성화되면서 가격이 어느 정도 하락하긴 했지만 현재도 20만 원
대에서 무난하게 가격이 형성되는 모습이다.

 이처럼 시세가 상승한 것은 트랜잭션이 늘었기 때문이다. 솔라
나의 일일 트랜잭션 수는 2023년 3분기까지 우하향했으나, 4분기
들어 상승세로 전환했다. 무엇보다 2024년 1분기 솔라나의 일일
활성 지갑 수는 전 분기 대비 약 112% 상승했다. 이는 솔라나에서

발행된 여러 코인이 흥행하자 많은 투자자가 모여들면서 이루어진 결과인 것으로 보인다. 일일 트랜잭션 수에 비해 일일 활성 지갑 수의 상승폭이 가파른 것은 에어드롭을 노린 다계정 활동이 늘어난 것이 주요하게 작용했을 것으로 추정된다.[*]

봉크의 성공 이후 또 다른 밈코인인 도그위프햇이 2023년 11월 발행됐다. 이 코인 역시 흥행하면서 밈코인 열풍을 주도했다. 한 개의 밈코인이 성장하자 다른 코인의 성공사례로 이어지는 선순환이 일어났다고 볼 수 있다.

물론 봉크 역시 이더리움이 아닌 솔라나에서 발행됐기 때문에 더 많은 주목을 받았던 측면이 있다. 이전까지 블록체인과 밈코인이 서로 공생하며 유의미한 시너지를 발휘하는 모습을 찾아보기는 어려웠지만 솔라나와 봉크는 그 첫 사례가 됐다.

아발란체와 코크이누

코크이누(COQ)는 2023년 12월 암탉 캐릭터를 모티프로 발행된 아발란체 기반 밈코인이다. 이더리움이나 솔라나는 대부분 익숙하지만, 아발란체는 처음 들어보는 이들도 많을 것이다. 아발란체 역시 블록체인 중 하나로 코크이누는 딱히 활용처나 기능이 없는, 오

● 쟁글 리포트, 〈솔라나(SOLANA) 1Q24 Review〉, xangle.io/research/detail/2003

락만을 위한 밈코인이다. 그럼에도 발행과 동시에 큰 주목을 받으며 20일도 안 되는 사이에 가격이 1,000% 이상 급등했다. 밈코인 열풍의 시작점에서 발행됐기 때문에 발행 타이밍이 좋았다고 볼 수 있다.

무엇보다 코크이누를 통한 밈코인 생태계 발전의 가능성을 본 아발란체 재단의 행보가 이전 프로젝트들과 달랐다. 발행과 동시에 재단이 전폭적으로 지원하겠다고 나선 것이다. 재단은 2023년 12월 직접 아발란체 블록체인을 기반으로 하는 밈코인을 사들이겠다고 발표했으며, 2024년 3월에는 코크이누를 비롯해 게코(GEC), 킴보(KIMBO), 노칠(NOCHILL), 테크(TECH) 등 5종의 코인을 보유하고 있다고 밝혔다.

재단에서는 "커뮤니티 코인(밈코인)은 오늘날 웹3.0 산업의 중요한 이정표가 됐다. 이는 암호화폐 커뮤니티의 재미, 정신, 관심사를 나타낸다. 아발란체 재단은 이러한 특성을 인지하고, 커뮤니티 코인들을 지원하기로 했다. 앞으로 어떤 밈코인을 보유 중인지 정기적으로 공개하겠다"라고 밝히기도 했다. 재단이 이처럼 직접적으로 밈코인을 지원 사격한 것은 아발란체가 처음이다.

재단의 적극적인 지원은 실제로 코인의 가격 상승뿐만 아니라 블록체인 활성화로 이어졌다. 아발란체의 기본 네트워크는 X-Chain(자산 생성 및 거래 플랫폼), P-Chain(검증인 조정 및 서브넷 생

아발란체와 코크이누의 심볼 이미지

성), C-Chain(스마트 컨트랙트 생성 허용) 등 세 개의 블록체인으로 구성된다. 그중에서 실질적으로 아발란체를 활용한 금융 거래나 플랫폼 운영의 지표라고 할 수 있는 C-Chain의 2023년 4분기 평균 트랜잭션 수는 전 분기 대비 450% 증가했다.

그러나 코크이누의 사례는 재단의 전폭적인 지원이 있다고 해서 커뮤니티를 인위적으로 형성할 수는 없다는 것을 보여주는 사례기도 하다. 상승과 하락을 반복하면서 꾸준히 우상향하는 도지, 시바이누, 페페 등과 달리 코크이누의 시세는 하락세를 멈추지 않고 있으며 투자자들의 관심도 많이 떨어졌다. 아발란체의 트랜잭션 수도 2024년 1분기 들어 전 분기 대비 69.6%까지 떨어지는 모습을 보여주면서 코크이누가 그저 가격 상승 때문에 단기적인 투자자가 몰렸을 뿐이라는 것을 증명했다.

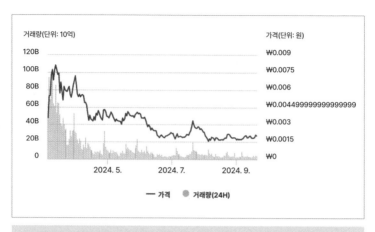

거래량(단위: 10억)

120B
100B
80B
60B
40B
20B
0

2024. 5.   2024. 7.   2024. 9.

가격(단위: 원)

₩0.009
₩0.0075
₩0.006
₩0.004499999999999999
₩0.003
₩0.0015
₩0

— 가격   ● 거래량(24H)

상장 초기에만 시세가 급등했다가 거래량과 시세가 모두 우하향하고 있는 코크이누의 시세

출처: 쟁글

트론과 손오공코인

우리에게 익숙한 서유기의 손오공 캐릭터를 모티프로 만들어진 손오공(SUNWUKONG)은 트론에서 발행됐다. 손오공에 관해 이야기를 시작하려면 한때 사기꾼이라는 오명을 썼지만 현재까지도 트론을 이끌고 있는 저스틴 선(Justin Sun)이라는 희대의 마케터이자 인플루언서와, 트론이라는 프로젝트의 특징을 먼저 알아야 한다.

트론은 매우 흥미로운 블록체인이다. 트론은 2017년 시작된 프로젝트로 ICO를 통해 7,000만 달러(약 960억 원)를 투자받으며 성공적으로 등장했지만 개발 시작과 동시에 트론의 백서가 이더리움의 백서를 표절했다는 의혹이 제기되며 이미지가 추락하기 시작했다.

초기 트론의 블록체인은 전송 위주의 개발이었지만, 스마트 컨트랙트를 도입하면서 토큰 발행 표준을 만들었는데 이름은 TRC-20이었다. 이 또한 이더리움의 토큰 발행 표준인 ERC-20을 베낀 것이다. 어찌 보면 트론은 장난처럼 보이는 프로젝트였고, 당시 이오스, 퀀텀, 에이다 등 쟁쟁한 블록체인들이 많이 등장했기 때문에 경쟁력은 떨어져 보였다. 일각에서는 트론이 스캠(사기)이라고 주장하기도 했다.

트론이 이것저것 베껴서 프로젝트를 만들고 있다는 사실 외에도 저스틴 선이라는 인물이 가진 이미지도 그리 좋지 않았다. 저스틴 선은 베이징대학교에서 역사학을 전공한 이로, 블록체인 업계에서는 보기 드문 문과 출신 CEO다. 블록체인 업계 종사자들은 대부분 엔지니어지만 저스틴 선은 직접 프로젝트를 개발할 능력은 겸비하지 못했다. 때문에 그는 마케터이자 인플루언서로서의 이미지를 굳히기 시작했다. 그는 엑스가 유행하기 한참 전부터 이를 자주 사용했는데, 자랑할 만한 소식이 있을 때마다 적극적으로 그 소식을 트윗하곤 했다.

대표적인 사례가 워런 버핏 버크셔해서웨이 회장과의 저녁이었다. 세계적인 대부호인 버핏 회장은 매년 본인과의 식사 자리를 경매에 부치고 수익금은 빈민구호단체에 기부해오고 있다. 2019년 저스틴 선은 450만 달러(약 51억 원)라는 행사 이래 최고가로 버핏

과의 식사를 낙찰받았다. 그리고 2020년 식사가 성사됐다. 이처럼
비싼 가격에도 저스틴 선은 경매에 참여한 이유에 대해 버핏 회장
이 코인 비판론자이기 때문이라고 설명했다. 3시간의 식사 자리에
서 코인에 투자하도록 설득하는 것은 어렵겠지만, 블록체인 기술에
대한 진척을 보여주고 싶다는 게 그의 생각이었다.

　버핏과의 식사 자리에서 그는 1비트코인과 193만 830TRX(약
5,000만 원)을 삼성 갤럭시 폴드에 탑재된 블록체인 월렛에 담아 워
런 버핏에게 선물했다. 개발에 직접 참여할 수는 없지만 마케터로
서는 최선을 다하는 모습이었기 때문에 블록체인 업계에서도 그
에 대한 평가는 최고의 마케터라는 칭찬과, ICO로 받은 투자금 중
51억 원을 식사 한 번에 쓴 것은 말도 안 되는 행동이라는 비판 등
으로 양분됐다.

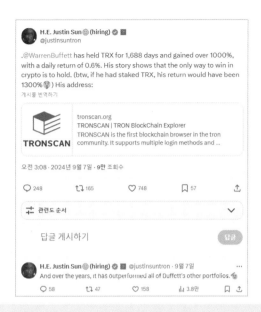

저스틴 선의 트윗. "워런 버핏은 1,688일 동안 트론을 보유했고, 1,000% 이상의 수익을 얻었으며, 일일 수익률은 0.6%다. 이것은 코인 시장에서 성공하는 유일한 해법이 매도하지 않고 그저 보유하고 있는 것이라는 사실을 보여준다(물론 그가 트론을 스테이킹했다면 그의 수익률은 1,300%였을 것이다). 트론은 버핏이 보유한 다른 포트폴리오보다 더 나은 성과를 거뒀다"라고 적혀 있다.   출처: 엑스

당시 저스틴 선이 버핏 회장에게 선물한 트론은 2024년에 이르러 10배가 올라 약 28만 9,000달러(약 3억 9,000만 원) 규모가 됐다. 저스틴 선은 이를 두고 "버핏의 다른 모든 포트폴리오보다 더 나은 성과를 거뒀다"라는 트윗을 남기기도 했다. 물론 버핏 회장은 당시 선물 받은 코인을 자선단체에 기부했다.

트론의 시작과 개발 초기에 여러 문제가 있었던 것은 사실이지

출시 사흘 만에 1,000만 장을 판매한 〈검은 신화: 오공〉　　출처: 〈검은 신화: 오공〉 홈페이지

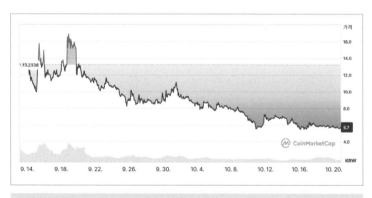

발행 후 잠깐 급등했으나 하락 후 횡보 중인 손오공코인　　출처: 코인마켓캡

만 결과적으로 저스틴 선이 보여준 행보는 트론에 해가 된 적은 없다. 트론의 시세 차트를 봐도 그 어떤 코인보다 꾸준히, 안정적으로 우상향하는 모습을 보인다. 2018년 당시 경쟁자로 지목됐던 다른 블록체인과 코인들이 이미 대중에게 잊힌 것과 비교하면 시세에서도, 블록체인 생태계 면에서도 더 낫다고 볼 수 있는 상황이 됐다.

트론이 다른 코인과 비교했을 때 기술적으로 낫다고 말할 수 있는 점은 없었지만, 저스틴 선이라는 마케터는 트론만이 보유하고 있었다. 그는 현재 362만 명 이상의 팔로어를 거느린 업계 최고의 인플루언서가 됐다. 업계에서는 트론과 저스틴 선을 거의 동일시할 정도이기 때문에 그가 마케터로서의 활약상을 계속 보여준다면 트론은 살아남을 가능성이 높다.

손오공이라는 밈코인은 지금까지 쌓아온 트론과 저스틴 선의 노력에 더해 게임이라는 내러티브까지 총 집결된 결과물이라고 볼 수 있다. 사실 손오공은 중국에서 개발된 멀티플랫폼 액션 게임 〈검은 신화: 오공(Black Myth: Wukong)〉의 캐릭터에서 모티프를 얻은 코인이다. 이 게임은 2024년 8월 출시됐는데, 중국 기업이 사실상 처음 개발한 블록버스터(AAA급) 게임으로 분류된다. 2018년부터 6년 가까운 시간을 들였으며 제작비는 7,500만 달러에서 1억 달러(약 1,028억 원에서 1,370억 원 정도)로 추정된다.

게임의 인기는 어마어마했다. 개발사인 게임사이언스에 따르면

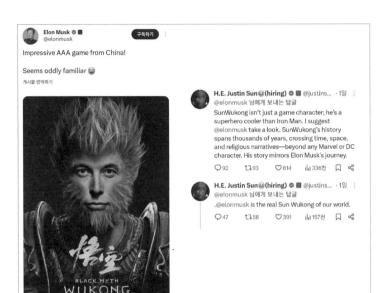

〈검은 신화: 오공〉 게임의 손오공 캐릭터에 본인 얼굴을 합성한 이미지를 공유한 일론 머스크 (왼쪽)와 여기에 댓글을 단 저스틴 선(오른쪽). 일론 머스크의 트윗은 손오공코인의 공식 계정도 리트윗했다. 지금까지 업계에서 딱히 주목받는 성과를 내지 못했던 트론으로서는 일론 머스크의 이와 같은 샤라웃(Shout out, 특정인을 언급하거나 칭찬하는 것)은 놓칠 수 없는 기회였을 것이다.   출처: 엑스

〈검은 신화: 오공〉은 출시 뒤 3일 만에 전 세계에서 1,000만 장이 넘는 판매량을 기록했다. 글로벌 주요 게임 플랫폼에서도 매출 1위에 올랐다.

손오공코인은 2024년 8월 게임 출시와 동시에 발행됐는데 게임의 흥행과는 달리 초반에만 시세가 급등했다가 하락 후 횡보 중이다. 그러나 일론 머스크가 직접 손오공 밈을 공유하고, 저스틴 선이

본인의 엑스 프로필 사진을 손오공으로 바꾸는 등 적극적으로 홍보하고 있어 향후 주목받는 밈코인으로 성장할 가능성도 있다.

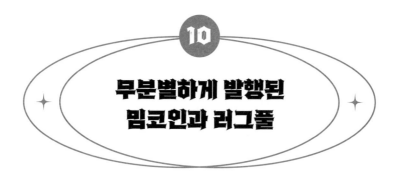

10

무분별하게 발행된
밈코인과 러그풀

투자자를 위한 최소한의 러그풀 구분법

지금까지 알아본 코인들처럼 투자를 받아 제대로 프로젝트를 운영하는 코인도 있지만, 불행히도 투자자들의 공포 심리를 이용한 포모 현상을 노리고 발행해 판매한 후 자취를 감추는 '러그풀' 사례도 적지 않다. 하나하나 알아보기 힘들 정도로 많으므로 새롭게 발행된 밈코인에 투자하고자 하는 투자자들은 러그풀의 위험을 감수해야 한다. 코인 발행자가 마음먹고 '먹튀'를 한다면 막을 방도가 없기 때문이다.

러그풀을 할 가능성이 높은 코인과 그렇지 않은 코인을 구분하는 방법은 따로 없지만, 코인 발행 팀의 인력들이 오랫동안 소셜미디어 계정을 운영하며 적극적으로 소통하거나 프로젝트 로드맵 혹은 업데이트 사항을 수시로 공유하는 곳일수록 러그풀일 가능성은 낮다. 악의적으로 러그풀을 하려는 곳을 가려낼 수 있다는 말이다. 투자를 받아 야심 차게 프로젝트를 시작했지만, 성과를 내지 못해서 의도치 않게 러그풀을 하게 되어버린 곳들도 많다. 될성부른 프로젝트인지 아닌지를 구분해내는 것은 투자자 몫이다.

패러디와 사기, 경계에 서다

진도지코인

도지코인을 패러디한 진도지코인은 2021년 5월 11일 발행됐다. 진도지코인의 총 발행량은 1,000조 개였는데, 그중에서 일반 투자자들이 사용처를 알 수 없는 350조 개, 전체의 35%에 이르는 물량이 12일 소각됐다. 사실 소각하는 코인의 양이 늘어날수록 시장에 유통되는 코인이 줄어 시세가 오를 가능성이 높으므로 일반적으로는 호재로 여겨지지만, 발행한 지 하루 만에 35%가 소각된다는 것은 정상적인 상황이 아니었다. 투자자들은 불안해했고, 우려는 현실이 됐다.

이틀 뒤인 13일, 진도지코인 개발자들이 전체 물량의 15%를 매

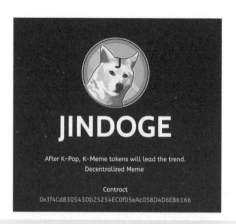

도지코인을 패러디해 진돗개 이미지에 'JIN'을 합성해 심볼을 만든 진도지코인

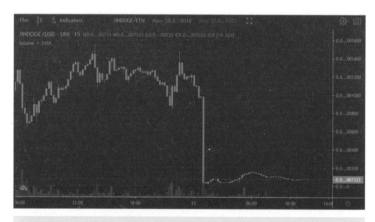

발행자들의 러그풀로 인해 시세가 급격하게 떨어진 진도지코인 　　　　출처: 《동아일보》

도하고 공식 홈페이지와 엑스, 텔레그램 채팅창 등을 모두 폐쇄한 후 달아난 것이다. 투자자들은 진도지코인 개발자들이 자신의 물량을 매도하기 직전 가격을 부양하기 위해 소각을 진행한 것으로 추정했다. 이 사태로 인해 진도지코인은 하루만에 97% 급락했다. 당연히 투자자들은 모두 피해를 봤다. 정확하게 추산하기는 어렵지만, 개발자가 챙긴 이익은 약 20억 원에서 30억 원에 달하는 것으로 알려졌다.

진도지코인같이 발행한 지 얼마 안 된 밈코인의 경우 개발자와 지갑을 통해 직접 구매하거나 유니스왑 등 탈중앙화 거래소에서만 구매할 수 있다. 즉, 업비트나 빗썸 같은 국내 중앙화 거래소를 사용하지 않기 때문에 수사가 불가능하다. 지금까지도 진도지코인 개발자들은 잡히지 않은 상태다.

오징어게임코인

진도지코인 사태가 발생한 지 얼마 지나지 않은 2021년 10월, 넷플릭스에서 전 세계적으로 흥행한 〈오징어게임〉이라는 드라마를 모티프로 한 오징어게임코인이 발행됐다. 모두가 알고 있듯이 〈오징어게임〉은 K-콘텐츠 중에서도 유례없이 큰 인기를 얻었다. 오징어게임코인은 이에 편승해 발행된 토큰이며 심볼이나 이름을 보면 드라마 제작사와 관련이 있는 듯이 보이지만 사실 아무 관계가 없

넷플릭스 인기 드라마 〈오징어게임〉과 관련이 있는 것처럼 심볼 로고도 비슷하게 만들어 홍
보했던 오징어게임코인
출처:《매일경제》

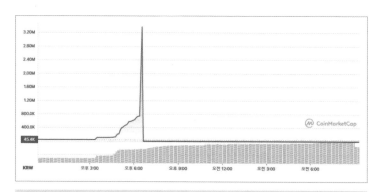

러그풀로 인해 시세가 폭락한 오징어게임코인
출처: 코인마켓캡

었다. 실제로 넷플릭스 역시 해당 코인과 아무런 관계가 없다는 해명 자료까지 내놓기도 했다.

하지만 개발자들은 〈오징어게임〉에 등장하는 각종 게임을 실제 온라인 토너먼트 게임으로 만든 '오징어게임 프로젝트'에서 코인을 참가비로 쓸 수 있다고 홍보했다. 그리고 게임에서 최종 승리한 한 명에게 전체 참가비의 90%를 상금으로 지급하겠다고 했다. 드라마의 인기와 더불어 게임에 대한 흥미까지 더해져 코인의 시세는 급등했다. 발행 가격은 0.01달러(약 13원)였는데, 최고 2,861달러, 당시 한화 390만 원까지 치솟았다.

그러나 발행 후 일주일도 지나지 않아 개발자들이 프로젝트를 중단한 뒤 보유하고 있던 코인을 모두 매도했다. 러그풀 직전 시가총액은 24억 원이었는데 순식간에 0원이 된 것이다. 범인들은 잡히지 않았고, 투자자들만 억울함을 호소하게 됐지만 사실 이 사건은 발생 전부터 이미 사기의 징조가 보였다. 개발사 홈페이지 안내문엔 오타가 가득했고, 코인을 살 수는 있었지만 팔 수는 없었기 때문이다. 그런데도 큰 수익을 낼 수 있을지 모른다는 기대감에 눈이 먼 투자자들은 투자하는 쪽을 택했다.

핸즈코인

핸즈(HANDS)코인은 개발자가 직접 얼굴을 드러낸 상태에서 사기를 쳐 많은 투자자에게 충격을 안겨줬다. 이 코인은 솔라나 기반으로 발행됐으며, '노 핸즈 노 러그(No hands No rug)'라는 콘셉트를 일종의 마케팅 문구로 삼았다. 이 코인의 개발자는 양손이 없어서 러그풀이 불가능하기 때문에 투명하게 투자금을 운용하겠다고 약속했다.

그는 2024년 5월 실시간 스트리밍 서비스를 통해 자신의 얼굴을 드러냈는데, 사진 속 모습처럼 그는 정말로 양팔이 없었고 핸즈코

핸즈코인 개발자의 모습　　　　　　　　출처: @NoHandsNoRugsol 엑스 계정

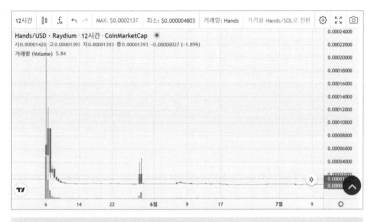

상장 직후 개발자가 모두 매도해 가격이 급락한 핸즈코인

출처: 코인마켓캡

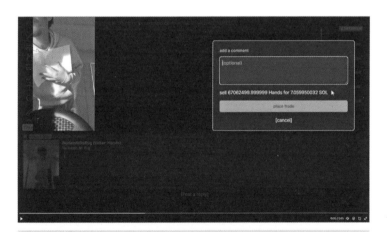

핸즈코인의 시세가 오르자 숨겨놨던 양팔을 꺼내 코인을 매도하는 개발자

출처: @NoHandsNoRugsol 엑스 계정

인의 이름이 적힌 종이를 턱으로 받치고 있었다. 투자자들은 안쓰러우면서도 진솔한 개발자의 모습을 보고 투자를 결정했다. 핸즈코인의 시세가 정점에 이르렀을 땐 시가총액이 약 55만 달러에 달했다. 이 순간 개발자는 등 뒤에 감춰두고 있던 두 팔을 꺼내 들더니 순식간에 컴퓨터 앞으로 다가와 자신이 보유하고 있던 코인을 매도하면서 시세가 급락했다.

이처럼 일반적으로 러그풀은 코인 발행자들이 본인들의 정체를 철저히 숨긴 채 익명으로 진행하지만 핸즈코인은 실시간 방송을 하며 자신의 얼굴을 모두 드러낸 채로 당당하게 매도까지 했다는 점에서 밈코인 사기의 전설로 기억되고 있다.

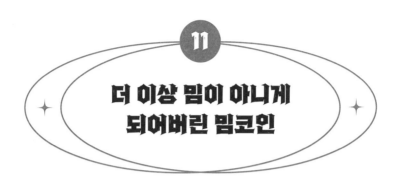

더 이상 밈이 아니게 되어버린 밈코인

코인 발행 재단의 밈코인 지원 사격

이제 밈코인은 도지코인처럼 무분별한 투자를 꼬집기 위해 만들어진 것도 아니고, 오락성이라는 초기의 본분 자체를 대부분 잊은 듯하다. 대신 투기 세력을 불러모아 밈코인을 사고파는 행위가 늘어나 자연스럽게 트랜잭션이 증가했다. 일부 밈코인은 투자금을 기반으로 제대로 된 사업을 영위하는 등 블록체인 생태계를 활성화할 수 있는 킬러 서비스로 진화한 모습이다. 상황이 이렇다 보니 각블록체인을 운영하는 재단 역시 핫한 밈코인을 발굴하는 게 일종의 숙원사업이 됐다. 따라서 여러 블록체인 재단들이 밈코인 육성을 위해 다양한 지원책을 내놓고 있다.

아발란체의 밈코인러시

대표적으로 아발란체의 밈코인러시(Memecoin Rush)를 살펴볼 수 있다. 밈코인러시는 밈코인의 유동성 채굴 인센티브 프로그램이다. 즉, 아발란체에서 만들어진 밈코인에 투자한 투자자들이 탈중앙화 거래소나 디파이 서비스에 해당 밈코인을 스테이킹하면 아발란체 재단이 이에 대한 보상으로 직접 인센티브를 주는 방식이다. 밈코인러시는 100만 달러(약 13억 7,000만 원) 규모로 조성됐고 2024년 3월 시작됐다.

그러나 이러한 지원 정책은 놀라울 정도로 효과가 없었다. 애초

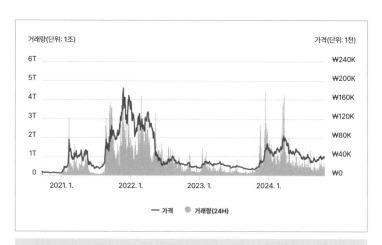

아발란체의 시세 차트. 2022년 급상승했지만 하락세를 보였고 2024년 밈코인 유행에 힘입어 상승세를 보이긴 했지만 하반기로 갈수록 더 힘을 받지 못하고 하락세를 거듭하고 있는 모습을 볼 수 있다.
출처: 쟁글

에 스테이킹은 은행 예금 이자와 비슷하게 코인을 예치하면 보상을 주는 것으로, 블록체인 업계에서는 매우 오래된 개념이라서 투자자들에게 그다지 매력적으로 여겨지지 않는 데다, 보상으로 주는 코인의 시세가 상승해야만 의미가 있다. 그러나 아발란체의 시세는 지원 프로그램을 시작한 이후로 하락세를 면치 못하고 있다. 같은 기간 비트코인이나 이더리움, 솔라나 등이 상승세를 이어간 것과 대조적인 모습이다. 만약 일반적인 서비스 코인이었다면 이와 같은 지원 정책이 어느 정도 효과를 봤을 수도 있지만, 커뮤니티가 조성되지 않은 채로 지원만 늘리는 것이 밈코인에는 통하지 않는다는 것을 증명하는 사례가 됐다.

솔라나와 펌프펀

대놓고 밈코인을 지원하는 것은 아니지만 더 많은 밈코인이 만들어지고, 그중에서 인기가 많은 코인이 등장할 수 있는 환경을 조성한 사례도 있다. 바로 솔라나의 밈코인 플랫폼인 펌프펀이다.

솔라나는 디젠들이 지향하는 바를 명확하게 알고, 커뮤니티의 중요성을 잘 알고 있는 편이다. 따라서 인위적으로 프로젝트를 키우기보다는 커뮤니티를 조성할 수 있는 플랫폼을 지원하는 데 집중했다.

펌프펀은 코딩에 대한 지식 없이도 밈코인을 쉽게 생성할 수 있

펌프펀 홈페이지(Pump.fun)

는 솔라나 기반 플랫폼이고, 누구나 무료로 코인을 발행할 수 있다
는 장점이 있다. 이더리움에서 코인을 발행하려면 일정량의 이더
리움을 가스비로 지불해야 하는 것과 차별화된다. 토큰 이름, 심볼,
이미지와 같은 기본 정보를 입력하고 생성 버튼을 누르면 코인이
만들어진다. 밈코인 성격상 백서나 토크노믹스가 필요 없어서 가능
한 일이다. 성장성이 높은 프로젝트에만 많은 인센티브를 준 아발
란체와 달리, 펌프펀은 모든 토큰 생성자에게 소액의 솔라나를 인
센티브로 지급하는 것도 차별점이다.

　또한 발행된 밈코인을 플랫폼 내에서 사거나 팔 수도 있으며, 거
래하려는 밈코인을 누르고 들어가면 시세 차트뿐만 아니라 인터넷
커뮤니티처럼 투자자들이 코인에 대한 평가나 의견을 한 줄로 써
서 게시하는 스레드도 볼 수 있다.

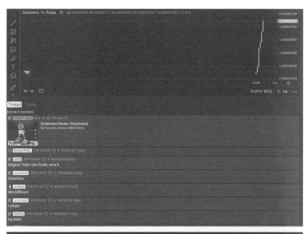

펌프펀에서 발행된 밈코인의 차트와 함께 볼 수 있는 정보 스레드   출처: 펌프펀

펌프펀에서 밈코인을 거래하는 방법도 간단하다. 원하는 코인을 산 후 원하는 시점에 팔아서 차익을 남기거나, 계속 보유한 채로 본딩 커브(Bonding Curve)*에 의해 코인의 시가총액이 6만 9,000달러에 도달할 때까지 기다리는 것이다. 시가총액에 도달하면 자동으로 레이디움에 상장된다.

펌프펀은 거래소가 아니라 토큰을 만들고 판매하는 곳이지만 그 자체가 거래소처럼 되어버린 모습이다. 이전에는 정해진 가격에 토큰을 판매했으며, 탈중앙화 거래소에 상장한 후 개발자들이 한꺼번에 매도하는 러그풀이 자주 일어났다. 그러나 펌프펀 내에서 사고

* 본딩 커브

거래소에 의존하지 않고 토큰에 대한 자체 시장을 생성하고 운영하도록 설계된 스마트 컨트랙트를 말한다. 토큰을 사고 싶거나 팔고 싶은 홀더들은 매수 또는 매도 요청을 스마트 컨트랙트에 보내면 사전에 설정된 커브에 따라 토큰의 가격이 결정되고 배포된다.

기존 ICO에서는 고정된 가격으로 코인을 판매했지만, 본딩 커브를 이용하면 시장의 수요에 맞춰 토큰의 가격이 변화된다. 다만 본딩 커브 토큰 세일에 참여할 경우, 늦게 참여한 이들은 단시간에 급격히 높아진 가격으로 토큰을 구매할 가능성이 높다.

팔 수 있다 보니 러그풀에 대한 리스크는 오히려 줄어들었다. 시가 총액을 달성해 솔라나의 탈중앙화 거래소인 레이디움에 상장되면 일반적으로는 세일 가격보다 시세가 뛰어오르기 때문에 이를 기대하는 투자자들도 많다. 그러나 대부분은 펌프펀 내에서 토큰을 사고팔며 시세차익을 얻는 편이다.

펌프펀이 출시된 뒤 솔라나는 명실상부 밈코인을 발행하기 가장 좋은 블록체인으로 떠올랐다. 펌프펀의 인기는 대단하다. 2024년 1월에 출시한 이후, 9개월 동안 펌프펀은 100만 개 밈코인 생성을 통해 누적 수익 1억 달러(약 1,371억 원)를 기록했다. 이러한 성과가 놀라운 것은 토큰 생성 자체에는 수수료가 얼마 들지 않는다고 해도 레이디움에서 거래를 할 때는 전체 탈중앙화 거래소 중 가장 높은 수수료를 지불해야 하기 때문이다.

트론과 선펌프

앞서 트론이 이더리움의 백서를 베껴 논란이 됐던 사건에 대해 설명했다. 그런데 이번에도 트론은 솔라나의 펌프펀을 베낀 '선펌프(SunPump)'를 2024년 8월 출시했다. 선펌프는 출시 10일 만에 2만 5,000개의 밈코인을 발행하고 150만 달러(약 20억 원) 이상의 수익을 기록했다. 선풍적인 인기에 힘입어 한때 선펌프는 펌프펀의 일일 거래량을 추월하기도 했으며, 이에 따라 트론 토큰 가격이 상

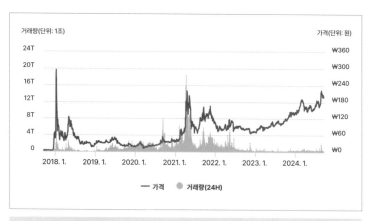

코인 발행 후 잠깐 급등했다가 하락장을 맞이했지만 2022년부터 꾸준히 우상향하고 있는 트론

출처: 쟁글

승하며 한때 코인 전체 시가총액 10위권 안에 트론이 재진입하기도 했다.

선펌프의 장점은 펌프펀보다 인터페이스가 더 진화돼 깔끔하며 사용자 친화적이라는 점이다. 솔라나는 블록체인과 웹3.0에 대한 지식이 있는 디젠들에게 익숙하지만 대중에게는 조금 낯설 수 있다. 웹사이트에 처음 접속했을 때 번쩍거리는 화면이 정신없이 느껴지고, 사용법도 조금 어렵게 느껴질 수 있다. 참고로 선펌프는 토큰 생성 시 20트론을 수수료로 지불해야 한다.

선펌프의 메커니즘은 펌프펀과 유사하다. 지불해야 할 수단이 트론이라는 것을 제외하면 대부분 비슷한 시스템으로 운영되기 때

선펌프 홈페이지(sunpump.meme)

문에 펌프펀을 이용해본 사람이라면 선펌프도 어렵지 않게 이용할
수 있다.

트럼프 2.0 시대의 밈코인

코인도 다른 금융상품과 마찬가지로 정치적 이슈에 많은 영향을
받는다. 비트코인과 이더리움의 경우 수년 동안 꾸준히 상승해왔다
고 해도 코인 시장에 호재 혹은 악재로 작용할 수 있는 사건이 터질
때마다 단기적으로 시세는 여전히 흔들리는 모습을 볼 수 있다. 특

히 도널드 트럼프 미국 대통령이 '암호화폐 대통령이 되겠다'고 선포하면서 미국 대선 전후로 그를 둘러싼 이슈에 따라 시세가 등락하는 모습이 뚜렷하게 관찰됐다.

트럼프 대통령은 이미 유명한 코인 시장 지지자다. 재선에 도전할 당시 공시한 개인 자산 내역에 따르면 현재 그가 보유한 코인은 100만 달러 이상이다. 그뿐만 아니라 트럼프 대통령은 선거유세를 하면서 암호화폐를 전략적 비축자산으로 삼겠다는 정책 공약을 제시했으며 암호화폐 현물 ETF 상장에 소극적인 게리 겐슬러(Gary Gensler) 증권거래위원회(SEC) 위원장을 해고하겠다고도 했다. 이전까지는 그 역시 코인 산업에 부정적이었지만, 대통령 취임 후 트럼프의 지지층, 특히 젊은 남성 지지자 중 코인 투자자가 많아 입장을 선회했다고 알려져 있다.

특히 2024년 미국 대선의 경우 코인 업체들이 주요 후원자로 나서면서 이제는 무시할 수 없는 세력으로 부상했다. 지난 2010년 미국 연방대법원의 후원금 상한선 폐지 판결로 PAC(정치인 후원회)의 무제한 후원이 가능해졌는데, 2024년 미국 대선에서 가장 많은 후원을 한 기업은 코인 거래소인 코인베이스와 코인 발행 업체인 리플이었다. 이들은 특정 정당을 지지하지 않는 무당파 정치인 후원회인 'Fairshake PAC'에 후원했다. 이 후원회는 코인 관련 우호적인 입장을 가진 정치인 후원을 목적으로 한다. 업계에서는 이를 바탕

으로 업계 친화적인 정책 및 입법이 강화될 것으로 예상하고 있다.[•]

도널드 트럼프가 2024년 재선에 도전한 뒤, 7월 14일 대통령 선 거유세 집회에서 연설을 하던 도중 총격을 당하자 코인 시장은 요 동쳤다. 다행히 그의 생명에는 지장이 없었지만, 총알은 그의 귀 를 관통했다. 그럼에도 트럼프는 '싸우자'라는 구호를 외치며 지지 자들을 모아 깊은 인상을 남겼다. 총격 직후 보여준 의기양양한 모 습에 지지율은 오히려 올랐고, 이 때문에 당시 대선에서 승리할 가 능성이 높아졌다는 예측이 주를 이뤘다. 이와 같은 상황은 비트코 인 시세에 즉각 반영돼 가격 상승을 이끌었다. 이어 21일 조 바이든 (Joe Biden)이 대선에서 사퇴를 표명하자 누가 그 자리를 대신할지 불확실해지면서 시세는 소폭 하락하기도 했다.

2024년 미국 대선에서 도널드 트럼프 후보가 당선되면서 암호화 폐 시장은 새로운 국면을 맞았다. 대선 당일 비트코인은 하루 만에 약 9% 상승하며 전고점을 돌파해 7만 5,000달러(약 1억 520만 원)를 달성했다. 더 큰 폭으로 상승한 것은 도지코인이었다. 하루 만에 무 려 20% 상승하는 등 2024년 암호화폐 시장을 이끄는 키워드가 밈 코인이라는 것을 다시 한 번 증명해냈다. 그 외에도 솔라나, 시바 이누, 페페 등 밈코인 관련 수혜주라고 볼 수 있는 코인들도 줄줄

• 업비트 투자자보호센터 발간 리포트, 〈[어프로치 #4] 미국 대선과 가상자산〉

거래량(단위: 1조)   가격(단위: 100만)

2024년 7월부터 11월까지의 비트코인 차트. 7월 14일 트럼프 대통령이 유세 집회에서 피습을 당하자 시세가 급등했다가 같은 달 21일 조 바이든이 사퇴하자 하락한 것을 볼 수 있다. 그리고 11월 5일 트럼프의 대통령 당선이 확실해지자 시세가 급등하며 전고점을 돌파했다.

출처: 쟁글

이 시세가 올랐다. 이처럼 트럼프의 당선 확정 소식은 암호화폐 업계에 활기를 더했고, 조만간 비트코인이 2억 원을 달성할 것이라는 전망까지 나왔다.

대선에 민감하게 반응한 코인은 또 있다. 트럼프를 모티프로 발행된 밈코인인 마가(MAGA)와 카멀라 해리스(Kamala Harris)를 상징하는 밈코인인 카마(KAMA)다. 마가는 트럼프의 대선 슬로건 'Make America Great Again'에서 유래했으며, 카마는 해리스의 이름 철자에서 오타를 낸 '카멀라 호리스(Kamala Horris, KAMA)'라는 이름으로 지어졌다.

두 밈코인은 미국 대선에서 지지율의 흐름과 비슷한 시세 변동

마가코인 홈페이지

을 보였다. 이전까지만 해도 밈코인은 전반적인 암호화폐 시장의 흐름과 상관없이 움직이는, 마치 '악동'과도 같은 모습을 보이곤 했다. 비트코인이 떨어질 때 도지코인은 아무 호재 없이 갑자기 오르기도 하고, 모든 코인의 시세가 상승하는 장에서 도지코인은 나 홀로 요지부동인 경우도 있었다. 그러나 밈코인 투자 열풍이 불면서 도지코인 외에 다른 밈코인이 많이 생겨나고, 이들 코인이 시장의 흐름을 따라가게 되자 밈코인 역시 정치적 이슈로부터 동떨어지기 어려운 상황이 됐다.

　마가코인 역시 비트코인과 마찬가지로 대선 유세에서 트럼프가 총격을 받은 직후 상승했다가 바이든의 사퇴 후 대선 결과에 대한

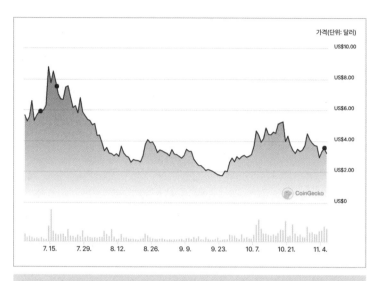

가격(단위: 달러)
US$10.00
US$8.00
US$6.00
US$4.00
US$2.00
US$0

CoinGecko

7. 15.   7. 29.   8. 12.   8. 26.   9. 9.   9. 23.   10. 7.   10. 21.   11. 4.

비트코인과 마찬가지로 트럼프 피습 때 상승하고, 바이든 사퇴 때 하락하는 모습을 보인 마가코인. 카멀라 해리스의 지지율이 높아짐에 따라 시세가 계속 하락했다가 도널드 트럼프의 지지율이 오르자 다시 시세를 회복하는 모습을 볼 수 있다. 그러나 정작 11월 대선 당일에는 20% 하락했다.

출처: 코인게코

불확실성이 높아지자 오히려 소폭 하락하는 모습을 보였다. 그리고 트럼프 대통령이 카멀라 해리스 민주당 후보와의 대선 토론에서 약세를 보이자 또다시 시세는 하락했다.

반면 카마코인의 경우 조 바이든이 대선 후보직 사퇴를 선언하고 카멀라 해리스가 차기 대선 후보 자리를 대신하게 되면서 시세가 133% 넘게 상승해 최고치를 기록했다. 또한 TV 토론에서 해리스가 트럼프 대통령보다 우세한 모습을 보이자 8% 급등하기도 했다.

그러나 마가코인도 밈코인인 만큼 반드시 투자자 심리나 대선 결과에 따르는 것은 아니었다. 앞서 설명한 것처럼 비트코인이나 주요 알트코인이 트럼프 당선과 동시에 시세가 급등한 것과 달리, 마가는 오히려 20% 하락했다. 무슨 이유인지 명확하게 설명할 수는 없지만, 대선이라는 주요 이벤트가 끝났기 때문에 마가코인 매도세가 강해졌다고 해석할 수 있다.

비록 마가코인은 급락했지만, 대부분의 코인 시세가 상승한 것은 사실이다. 이처럼 투자자들은 대선의 결과에 따라 대박이 날 것인지, 쪽박을 찰 것인지 결정 나기 때문에 대선 관련 이슈에 촉각을 곤두세우게 된 것이다. 블록체인과 코인의 중요한 가치는 '탈중앙화'인데 그 누구보다도 투자자들이 대선의 결과에 집중하고 있는 것은 참 아이러니한 상황이다.

비트코인이 2억 원을 달성할 경우 그 주재료는 트럼프 대통령 당선일 것이라고 보는 게 자연스럽다. 코인 투자자들을 주요 지지층으로 두고 있어서 코인 관련 산업의 성장에 힘을 실어줄 것으로 예상하기 때문이다. 트럼프 대통령이 '친 암호화폐 관련 법안'을 빠르게 통과시켜, 본격적으로 미국이 전 세계 암호화폐 시장을 주도할 수 있는 전략을 펼칠 것이라는 분석이다. 코인 업체들의 정치 후원금이 늘고 있을 뿐만 아니라 코인에 투자하는 미국인의 수도 점차 증가하고 있다는 사실 역시 이와 같은 전망에 힘을 실어준다. 여론

조사 회사인 모닝컨설트 자료에 따르면 2023년 기준 암호화폐에 투자하고 있는 미국인의 비율은 22%로, 이는 결코 무시할 수 없는 유권자층을 의미한다.

도널드 트럼프 대통령은 어떤 암호화폐 정책을 내세우게 될까. 암호화폐 업계에서는 트럼프 대통령이 집권하면서 금융규제 완화가 다시 한 번 나타난다면 전통 금융사의 코인 익스포저(Exposure, 위험에 노출된 자산) 확대와 관련 신사업 진출 등 코인과의 연결고리가 더욱 강화될 가능성이 있다고 보고 있다. 실제로 트럼프 대통령은 주요 정책 목표인 미국 우선주의와 달러 패권 강화의 해법으로 코인에 주목하고 있다. 트럼프는 국가부채 문제의 대안으로 비트코인을 검토한 바 있으며, 연방준비제도 준비자산에 비트코인 포함을 고려하는 등 코인을 활용한 다양한 방안이 나타날 가능성도 존재한다.*

결론적으로 트럼프 대통령의 재집권은 여러모로 암호화폐 시장에 호재로 작용할 것이다. 이러한 움직임이 투자자 심리를 자극해 비트코인과 이더리움 ETF로 자금 유입이 늘어나면 비트코인과 이더리움의 시세는 빠르게 상승할 것이다.

도널드 트럼프의 당선은 밈코인 시장에도 긍정적인 영향을 줄

* 업비트 투자자보호센터 발간 리포트, 〈[어프로치 #4] 미국 대선과 가상자산〉

가능성이 커 보인다. 암호화폐 규제가 완화되면 알트코인의 시세가 상승하게 되고, 밈코인 역시 알트코인에 포함되기 때문에 어느 정도 수혜를 볼 수 있다. 지금까지 밈코인이 전체 암호화폐 시장과 관계없이 움직여왔기 때문에 예상을 깨고 오히려 시세가 떨어질 가능성이 없는 것은 아니지만 암호화폐가 주식, 부동산 등에 필적하는 금융상품으로 인정받고 밈코인이 유틸리티를 확보해 대중적으로 인지도를 높이게 된다면 시세는 장기적으로 우상향할 것이다.

2024년 미국 대선은 암호화폐 투자자가 대선 결과에 영향을 미칠 수 있는 주요 세력으로 인정받은 첫 대선으로 기억될 것이다. 미국을 시작으로 전 세계 다양한 국가들이 암호화폐 패권 경쟁에 참여하게 된다면 친 암호화폐 정책을 펼치는 인물에게 표가 몰리게 되지 않을까.

코인 대중화 시대 밈코인이 연다

밈코인의 투기성이 너무나 강해지면서 하루에도 수십 개의 밈코인이 만들어지고 있다. 한탕을 노린 투자자들이 뛰어들어 구매했다가 주목을 받지 못해 사라지면서 밈코인은 일종의 도박판처럼 변형되고 있다. 이러한 행태는 블록체인 업계를 주도하는 트렌드가

ICO였든, 디파이였든, NFT였든 상관없이 항상 반복됐던 문제다. 때문에 밈코인이 처음 의도했던 풍자나 오락의 성격이 점차 흐려지더라도 이상하게 생각할 일은 아니다. 이전에는 코인을 판매하기 위해 유틸리티나 토크노믹스 설계 등에 힘을 썼다면, 이제는 그러한 일말의 노력도 필요하지 않아 오히려 순수하게 투기성만 남았다고 볼 수도 있다.

이전까지의 코인 시장 트렌드가 그러했듯, 밈코인 역시 유행이 지나고 나면 결국 몇 개의 코인만 살아남게 될 가능성이 높다. 이제는 투자자들도 그 이후를 생각해야 할 시기다. 그렇다면 어떤 밈코인이 살아남을 수 있을까? 다음과 같은 특징을 가진 코인일 것이다.

- 견고한 홀더 커뮤니티를 보유한 곳
- 단기적 투자 심리에 흔들리지 않는 높은 시가총액
- 인플루언서들의 꾸준한 지지
- 밈코인을 넘어선 유틸리티 확보

우리가 주목해야 할 것은 맨 마지막 특징이다. 밈코인이라고 해서 언제까지나 밈코인에 머무르라는 법은 없다. 밈코인을 만드는 데 활용된 밈 역시 일시적인 유행에 불과하기 때문이다.

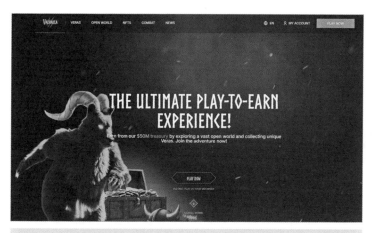

플로키가 자체 개발한 메타버스 게임 〈발할라〉 출처: 〈발할라〉 홈페이지(valhalla.game)

대표적인 사례는 도지코인에서 찾을 수 있다. 도지코인은 일론 머스크의 끊임없는 지지 아래 여러 결제 수단으로 도입되고 있다. 이미 2022년에는 그가 보유한 굴착기업 보링컴퍼니(The Boring Company)가 미국 전역에 건설할 지하 고속터널 루프(Loop) 결제 시스템에 도지코인을 추가했다. 가까운 미래에 테슬라 차량을 도지코인으로 구매할 수 있을 가능성도 높고, 스페이스X와 엑스 등 그가 보유한 기업은 모두 도지코인을 결제 수단으로 받아들일 준비를 하고 있다. 도지코인은 이제 더 이상 밈코인으로 부르기 어려워졌고, 그 어느 코인보다도 탄탄한 유틸리티를 갖추게 됐다. 이 정도면 밈코인이 아니라 유틸리티 코인으로 분류해야 하지 않을까 싶을 정도다.

이외에도 봉크는 NFT를 사고팔 수 있는 마켓플레이스인 매직에덴(Magic Eden)에서 결제 수단으로 사용할 수 있고, 플로키는 자체적으로 메타버스 게임인 〈발할라〉를 개발해 게임 내 결제 수단으로 플로키를 사용할 수 있도록 하겠다는 목표를 내비치기도 했다.

물론 매직에덴이나 〈발할라〉 같은 플랫폼, 게임 등이 론칭 후 인기를 얻어 성공해야만 밈코인 역시 비로소 유틸리티를 갖추게 된다고 볼 수 있다. 그러나 여러 밈코인들이 그다음을 바라보고 있는 것은 사실이다.

코인은 언제나 사용성을 지적받아 왔으며, 웹3.0 종사자나 투자자 외에는 블록체인과 코인을 사용하는 이를 찾기 어려웠다. 지금과 같은 상황이라면 어쩌면 코인의 대중화는 밈코인이 먼저 이끌 수 있을지도 모르겠다.

에필로그

✦

밈코인 시장의
1막을 정리하며

《밈코인 사용설명서》를 쓰게 됐다고 주변 블록체인 업계 종사자들에게 언급할 때 가장 많이 들은 이야기는 '밈코인에 대한 이야기가 책 한 권 분량이나 나오겠느냐'라는 것이었다. 2017년부터 블록체인과 암호화폐 분야를 취재했고, 실제로 업계에서 일을 한 경험도 있지만 그 긴 시간 동안 밈코인이라는 주제는 업계의 관심 밖이었기 때문에 이야깃거리가 거의 없을 것이라고 다들 예상했다. 그러나 자료 조사를 하고, 실제로 밈코인 커뮤니티를 경험하며 내용을 정리해보니 생각보다 쓸 이야기가 많았다. 밈코인의 역사는 생각보다 오래됐고, 블록체인 산업이 쌓아 올린 결과물과 무관하지 않기 때문이다.

이전까지는 '밈코인=도지코인'이라는 공식이 있었다. 도지코인이 밈코인이라는 장르를 만들어낸 주인공이기 때문에 사람들은 도지코인 이후로 다른 밈코인이 등장할 것이라는 예상을 하지 못했다. 만약 밈코인이 또 발행된다고 해도 그 특성이 도지코인을 벗어나지 못할 것이라고도 생각했다.

실제로 2022년까지 발행된 밈코인들은 대부분 시바견을 비롯한 강아지를 모티프로 만들어졌다. 그런데 이 코인들은 사실 밈이 되고 싶은 코인일 뿐, 실제 밈이라고 보기는 힘들다. 도지코인은 이미 유행하고 있던 강아지 '카보스'의 이미지로 만들었지만 다른 코인들은 강아지라는 이미지 외에는 어떤 공통점도 없는 코인들을 만들어놓고는 밈이라고 주장하는 모양새다.

이와 같은 현상은 고운 눈으로 바라보기 어렵다. 밈코인 시장을 일종의 '카지노'로 폄하하는 의견이 당연히 나올 수밖에 없는 상황이다. 토크노믹스나 기술력이 전혀 없어도 강아지 사진을 걸어놓기만 하면 밈코인으로 명명할 수 있고, 일단 밈코인의 유행으로 인해 시장에 돈이 몰리기 시작했기 때문에 운이 좋으면 시세도 상승할 수 있었다. 이를 노린 이들이 많아지자 밈코인의 의미는 퇴색됐다.

다른 코인들처럼 백서나 내세울 만한 기술, 우수한 인력이 필요하지 않은 대신 밈코인이 어필할 수 있는 것은 무엇일까? 나는 대중에게 친숙하게 다가갈 수 있는 정서적 공감대와 창의성 및 오락성이라고 생각한다. 밈코인은 지금까지 블록체인 업계에서 중요하다고 여겨왔던 가치로부터 자유로운 만큼 참신해야 한다. 기존에 유행하던 밈 중에서 어떤 것을 선택할 것인지, 밈을 왜 밈으로 두지 않고 코인으로 발행했는지에 대한 이유와 그것을 투자자들에게 어떻게 설득할 것인지에 대한 고민이 필요하다는 얘기다. 그러나 대다수 밈코인에서는 그러한 고민의 흔적이 보이지 않아 여간 실망스러운 게 아니었다.

그런 와중에 페페코인은 단연 돋보였다. 사실 페페는 대중적으로도 유명한 밈 캐릭터지만 수년 전부터 코인 투자자들은 시세가 폭락했을 때 우는 표정의 페페를, 반대로 시세가 올랐을 때는 〈위대한 개츠비〉처럼 정장을 입고 와인을 들고 있는 페페의 이미지를 공유하며 공감대를 형성하곤 했다. 때문에 페페는 이미 투자자들에게 친숙했고, 이를 코인으로 발행했기 때문에 빠르게 투자자들의 관심을 얻을 수 있었다. '어떤 밈을 선택할 것인가'라는 질문에서 올바른 답을 고른 것이다.

페페코인은 지향하는 바도 명확했다. 지금까지 발행된 수많은 밈코인들이 밈코인답지 않게 토크노믹스나 유틸리티를 강조하는 것을 비꼬며 "우리는 세금도 없고 헛소리도 없다(No Taxes, No Bullshit)"라고 홈페이지를 통해 당당하게 주장했다. 이런 패기는 밈코인만 보여줄 수 있는 것 아닐까. 뻔뻔한 것이 오히려 매력적으로 비칠 수 있다는 것은 일종의 특권인데, 다른 밈코인들은 이를 제대로 활용하지 못하고 있는 것으로 보인다.

앞으로 페페코인이 어떻게 될지는 알 수 없지만, 지금까지 보여준 행보로 봤을 때는 밈코인의 새로운 지평을 열어준 것이 분명해 보인다. 블록체인 산업은 한 번 '메타'라고 불리는 유행이 오면 수많은 사기 코인들이 생기면서도 그 사이에 될성부른 프로젝트가 간간이 껴 있다. 그리고 이처럼 소수의 의미 있는 프로젝트가 결국 산업 전반을 이끌게 된다.

밈코인 투자 열풍도 언젠가 끝나고 또 다른 유행이 시작될 것이다. 지금처럼 1년에서 2년간 유행에 올라타기 위해 수많은 프로젝트가 생겨나고 사라지는 것을 반복하겠지만, 투자자들은 지금까지의 블록체인 산업에 대한 경험을 통해 투기보다는 투자를, 트레이더(Trader)보다는 빌더(Builder)가 되길 선택했으면 한다. 그래야만 어떤 코인 트렌드가 오든지 다음 이더리움, 다음 도지코인을 찾아낼 수 있는 인사이트가 생길 것이다.

밈코인 업계는 어찌 보면 기술이나 서비스의 가치보다는 단기적인 수익을 남기고자 하는 세력이 더 주목받는다. 이들은 자산 대부분을 코인으로 갖고 있고, 다른 금융상품에는 전혀 투자하지 않는 대신 새로운 코인이 나올 때마다 과감하게 매수하는 디젠들이다. 이들에게서 유입된 자금이 시장을 키워온 것은 사실이지만, 대부분은 눈먼 돈이 되어 사기꾼들의 배를 불리는 데 일조했다. 그리고 신기하게도 이처럼 돈을 번 사기꾼들은 신흥 코인 부자, 혹은 디젠이라는 이름으로 포장돼 다른 코인에 투자하거나 또 다른 코인을 발행하곤 했다. 산업이 성장하려면 모험 자본이 필요하지만, 지금처럼 도박에 가까운 생태계는 건강하다고 말하기 어렵다.

암호화폐가 언젠가 주식이나 채권, 펀드 등에 맞먹는 새로운 금융투자 상품으로 인정받게 된다면 의미 있는 수익을 남기는 것도 빌더 쪽이지 않을까. 적어도 나는 그렇게 믿는다. 지금 업계에서는 디젠을 선망하는 이들이 많지만 가까운 미래에는 뛰어난 프로젝트의 초기에 투자한 이들이 주목받게 될 것이다. 2010년대 초반에 비트코인에 투자한 사람들이 당시에는 미련하다는 소리를 들었다고 해도 10년이 지난 지금은 선구안을 가진 이들로 평가받으며 부러움을 사듯이.

밈코인 사용설명서

도지코인, 시바이누부터 트럼프 재당선 이펙트까지 새로운 돈의 미래

초판 1쇄 인쇄 2024년 11월 8일
초판 1쇄 발행 2024년 11월 14일

지은이 김가영
발행인 선우지운
편집 이승희
표지디자인 엄혜리
본문디자인 박은진
마케팅 김단희
제작 예인미술

출판사 여의도책방
출판등록 2024년 2월 1일(제2024-000018호)
이메일 yidcb.1@gmail.com

ISBN 979-11-989442-3-8 03320